Kostenlose WordPress-Themes

Schnell das passende Theme finden (für Anwender, Consultants und Theme-Developers)

Mit über 75 hilfreichen Tabellen

Klaus Itdoor

1. Auflage 2019

Einige Beispiele für Theme-Arten und für Theme-Gruppen

Child-Themes

E-Commerce Themes

Fotoblogs

Gutenberg-Themes

Multi-Purpose Themes

Portfolio-Themes

Reine Blog-Themes

Themes für Bildungseinrichtungen

Themes für Essen, Trinken und Restaurants

Themes für Feiertage

Themes für Musiker und Bands

Themes für Non-Profit-Organisationen

Themes für Sport

Themes für Touristikdienstleister

Themes mit Drag und Drop

Themes mit Karussell

Themes mit Newsticker

Themes mit Parallax Technologie

Themes mit Raster-Layout

Themes mit über 100.000 aktiven Installationen

Themes mit Werbemöglichkeiten

Zeitungs- und Zeitschriften-Themes

etc.

Das Impressum ist bei den Haftungsausschlüssen.

Inhaltsverzeichnis

Vorwort 9
    Das Buch ist teilweise in Englisch 10
    Warum dieses Buch auch für Programmierer/Entwickler/ interessant ist 10
        Entwickler von kostenpflichtigen Themes werden sich schwertun mit diesem Buch. 11
    Die Schwierigkeit ein Buch über WordPress-Themes zu schreiben 12
Theme-Vorschau, Theme-Demo und Theme- Dokumentation 13
Support für kostenlose Themes 15
    Theme-unabhängiger Support 16
    Themespezifischer Support 17
    Supportforum bei WordPress.org für Themes 18
    Hinweise für Theme-Entwickler 19
Bewertungen und Anzahl Installationen als Entscheidungskriterien 20
Theme-Beschreibungen 23
    Hinweise für Theme-Entwickler 25
Sollte das Theme responsive sein? 25
    Responsiveness eines Themes testen 26
        Responsiveness eines Themes mit Online-Tools testen 27
        Responsiveness eines Themes auf dem PC testen 27
Brauchen Sie ein übersetzbares Theme? 28
    Anzahl übersetzbarer Themes 28
    Deutschsprachige Themes 29
        Das Programm Poedit für die Übersetzung von Themes 30

- Das Plugin Loco Translate für die Übersetzung von Themes 30
- Das Plugin WPML für die Übersetzung von Themes 30
- Übersetzungsanleitungen für Themes im Internet 31

Allgemeine Erläuterungen zu den Tabellen 32
Passendes Theme zufällig finden 34
Kostenlose Themes bei WordPress.com 35
- Einige Unterschiede zwischen WordPress.com und WordPress.org 35
- Erläuterungen zu den Tabellen in diesem Kapitel 38
- Die Standard-Themes bei WordPress.com 38
- Kostenlose Themes bei WordPess.com und bei WordPress.org 39
- Kostenlose Themes nur bei WordPess.com 43
- Hinweise für Theme-Entwickler 46

Extra-Theme für die Ankündigung des Blogs und Wartungsarbeiten 47
Parent-Themes und Child-Themes 48
- Beispiele: Parent-Themes mit mehreren Child-Themes 49
  - 12 Child-Themes zu einem Thema 50
  - 9 Child-Themes zu einem Thema 51
- Hinweise für Child-Theme Entwickler 52
  - Child-Themes für die WordPress Standard-Themes 54
- Warum in diesem Buch fortan Child-Themes nicht mehr erwähnt werden 55

Wie viele Spalten soll das Theme haben? 56
- Die Bestimmung der Anzahl der Spalten ist eine grundlegende Entscheidung ... 56
- Die Entscheidung der Theme-Entwickler hinsichtlich der Anzahl der Spalten 57
- Anzahl der Spalten in der Papierwelt 58
- Zahl der Zeichen/Anschläge pro Spalte in der Papierwelt 59

Die mögliche Anzahl der Spalten bei einem Theme ... 60
Nachträgliche Änderung der Anzahl der Spalten ... 61
Themen für WordPress-Themes ... 63
Zeitungs- und Zeitschriften-Themes ... 66
Designs von Zeitungen und Magazinen ... 66
Themes für Magazine mit maximal 4 Spalten ... 68
Themes für Magazine mit maximal 3 Spalten ... 69
Themes für Magazine mit maximal 2 Spalten ... 70
Themes für Magazine mit maximal einer Spalte ... 71
Hinweise für Theme-Entwickler ... 71
Themes mit Newsticker ... 72
Themes mit breaking news options ... 73
Fotoblogs ... 75
Themes für Fotografie mit maximal 4 Spalten ... 76
Themes für Fotografie mit maximal 3 Spalten ... 76
Themes für Fotografie mit maximal 2 Spalten ... 77
Themes für Fotografie mit maximal einer Spalte ... 78
Themes mit Karussell ... 79
Hinweise für Theme-Entwickler ... 80
Schwierige Abgrenzung zwischen Foto-Themes und Portfolio-Themes ... 80
Versuch der Begriffserklärung für ein WordPress- Portfolio ... 81
Foto- und Portfolio-Themes ... 82
Portfolio-Themes mit maximal 4 Spalten ... 82
Portfolio-Themes mit maximal 3 Spalten ... 83
Portfolio-Themes mit maximal 2 Spalten ... 84

- Portfolio-Themes mit maximal einer Spalte 84
- E-Commerce 85
  - Grenzüberschreitender elektronischer Handel 85
    - Harmonisierung durch die EU-Richtlinie 2011/83/EU 86
    - Die EU-Richtlinie 2011/83/EU regelt nicht alles 87
  - Einige andere Aspekte beim E-Commerce 88
    - Umsatzsteuer 88
    - Gütesiegel 89
    - Adressdaten anderer Länder 89
  - Im Zweifelsfall eine Fachfrau oder einen Fachmann beauftragen 90
  - Eine Schnittstelle zur Finanzbuchhaltung wäre wünschenswert 90
- Themes für E-Commerce mit maximal 4 Spalten 91
- E-Commerce Themes mit maximal 3 Spalten 92
- Themes für E-Commerce mit maximal 2 Spalten 94
- Themes für E-Commerce mit maximal einer Spalte 95
- Reine Blog-Themes 95
- Reine Blog-Themes mit maximal 4 Spalten 97
- Reine Blog-Themes mit maximal 3 Spalten 97
- Reine Blog-Themes mit maximal 2 Spalten 98
- Reine Blog-Themes mit maximal einer Spalte 100
- Themes mit Werbemöglichkeiten 100
  - Hinweise für Theme-Entwickler 102
- Themes für Feiertage 102
- Themes für Sport 103
  - Hinweise für Entwickler 104

- Themes für Branchen...105
  - **Themes für Bildungseinrichtungen** 105
- Themes für Musiker und Bands 107
- Themes für Essen, Trinken und Restaurants 108
  - **Hinweise für Theme-Entwickler** 109
- Themes für Touristikdienstleister 110
  - **Hinweise für Theme-Entwickler** 112
- Themes für Non-Profit-Organisationen..112
  - **Hinweise für Entwickler** 113
- Themes für andere Branchen 114
- Layouts für Themes..114
- Raster-Layout...116
- Themes mit Raster-Layout mit maximal 4 Spalten..117
- Themes mit Raster-Layout mit maximal 3 Spalten..118
- Themes mit Raster-Layout mit maximal 2 Spalten..118
- Themes mit Raster-Layout mit maximal einer Spalte..119
- Gutenberg-Editor, Layout "Breite Blöcke", Funktion „Block-Editor-Stile"...............119
  - Themes mit Layout "Breite Blöcke" 119
  - Funktion „Block-Editor-Stile"...120
  - Gutenberg-Editor...121
  - Themes mit Layout "Breite Blöcke" und mit der Funktion „Block-Editor-Stile" .122
    - Hinweise für Entwickler...124
- Themes mit Parallax Technologie 124
  - Was sind Parallax Effekte? 124
    - Was ist Parallax-Scrolling?..125

- Themes mit Parallax-Effekten 125
- Funktionen von Themes 127
- Multi-Purpose Themes 129
  - Wofür braucht man Multi-Purpose Themes? 130
  - Installationszahlen von Multi-Purpose Themes 131
- Themes mit vielen Funktionen und Einstellungsmöglichkeiten 133
  - Die vielen Gestaltungs- und Einstellungsmöglichkeiten pro Theme 135
- Themes mit Drag und Drop 137
- Themes mit über 100.000 aktiven Installationen 139
- Wechsel des Themes - Sicherheitsvorkehrungen und Tests 141
  - Vorkehrungen vor dem Theme-Wechsel 142
    - Informationen vor dem Theme-Wechsel einholen 142
  - Ein paar mögliche Risiken 145
  - Tests nach dem Theme-Wechsel 146
- Schlusswort 147
- Literaturempfehlungen 147
- Haftungsausschlüsse 150

Vorwort

Spieglein, Spieglein an der Wand, was ist das schönste WordPress-Theme im Land?

Die Antwort würde keine objektive Analyse zu Grunde liegen, sondern eine subjektive Einschätzung. Um möglichst schnell das passende Theme zu finden, wird in diesem Buch eine objektive Analyse unterstützt über 75 Tabellen angeboten. Bei Tausenden von Themes keine leichte Aufgabe. Neben der eigentlichen Arbeit waren ohne Übertreibung sicher über 20.000 Klicks notwendig, um zu den in diesem Buch dargestellten Ergebnissen zu gelangen. In dem Buch gibt es keine Programmierzeilen.

Wäre das Angebot an kostenlosen Themes übersichtlich, gäbe es dieses Buch nicht. In die Auswahl eine Themes kann man schnell wegen der unübersichtlichen Vielzahl der Themes mehr Zeit investieren, als man für die Grundeinstellungen eines WordPress Blogs braucht.

Das Rohmaterial für dieses Buch wird größtenteils aus https://de.wordpress.org/themes/ und von https://wordpress.com/themes/free entnommen. Da dort die Angaben als vertrauenswürdig eingestuft werden. Zumal Themes, die länger als 2 Jahre nicht mehr aktualisiert werden können, dort in der Regel nicht mehr gelistet werden.

Da es Ziel dieses Buches ist es daher, dass Sie bei der Auswahl des Themes Zeit sparen. Es werden daher in der Regel nur kleine Gruppen von Themes vorgestellt.

Für einige der Themes wird die Anzahl der Installationen für die Zeitpunkte August 2017 und Mai/Juni 2019 verglichen.

Wer sind die Gewinner? Wer sind die Verlierer?

Den Rest entnehmen Sie bitte dem mit circa 140 Überschriften feingegliederten Inhaltsverzeichnis.

Das Buch ist teilweise in Englisch

Warum ist das Buch teilweise in Englisch? Weil viele Theme-Beschreibungen in Englisch sind. In der Spalte „Kurzbeschreibung" in den Tabellen, werden die Theme-Beschreibungen verkürzt „zitiert". „Zitiert" bedeutet, dass zwar die englische Sprache übernommen wird, aber in einigen Fällen die Theme-Beschreibung leicht abgewandelt wird, damit der Text in die Spalte „Kurzbeschreibung" besser reinpasst. Grundsätzlich sind die englischsprachigen Theme-Beschreibungen trotz der Verwendung dieser Fremdsprache gut zu verstehen. Wenn man mal von der Verwendung der Fachbegriffe absieht. Solche schwer zu verstehenden Fachbegriffe können sie aber auch in deutschsprachigen Theme-Beschreibungen finden.

Siehe auch das Kapitel „Theme-Beschreibungen".

Ferner gibt es bei allgemeinen Erklärungen manchmal Zitate in englischer Sprache.

Theme-Beschreibungen in englischer Sprache bedeuten übrigens nicht zwangsläufig, dass das Theme nicht in der deutschen Sprache vorhanden wäre oder nicht übersetzbar wäre (siehe das Kapitel „Brauchen Sie ein übersetzbares Theme?").

Warum dieses Buch auch für Programmierer/Entwickler/ interessant ist

Obwohl es in diesem Buch nicht um die Programmierung von WordPress-Themes geht, kann dieses Buch dennoch für die Entwickler von WordPress-

Themes interessant sein. Da in den einzelnen Kapiteln darauf eingegangen wird, ob es sich auf Grund der aktiven Installationen lohnt, eine bestimmte Art von Theme zu programmieren.

Beispiel:

Themes mit Rasterlayout, bei denen das Theme nur einspaltig sein kann, werden kaum nachgefragt. Viele dieser Themes, die noch im August 2017 angeboten wurden sind, sind im Juni 2019 nicht mehr verfügbar. Soweit es bei dieser Art von Themes überhaupt eine vierstellige Anzahl von aktiven Installationen gibt, stammen diese Themes alle von Automattic.

Zudem kann dieses Buch eine Anregung für die Entwickler sein, darüber nachzudenken, warum bestimmte WordPress-Themes besonders viele aktive Installationen haben. Liegt das an einem besonders guten Marketing und/oder auch an den Funktionen dieser Themes?

Ferner: Wie muss man die Beschreibung des Themes gestalten, damit sich die Chance erhöht, damit das Theme aus der Masse hervorsticht?

<u>Entwickler von kostenpflichtigen Themes werden sich schwertun mit diesem Buch.</u>

Dieses Buch ist aber keine Kampfschrift gegen kostenpflichtige Themes. Für ein kostenpflichtiges Theme müssen Sie nicht 1000 Euro auf den Tisch legen. Viele kostenpflichtige Themes kann man in der Basisversion für unter 100 USD kaufen. Z. B. 80 USD für ein Theme finde ich nicht viel, wenn das Theme passt. Bloß was ist, wenn Sie nach dem Kauf des Themes feststellen, dass das Theme doch nicht passt. Wird dann das Geschäft mit dem Entwickler, der z. B. in den USA sitzt, rückabgewickelt? Wenn nicht, wären selbst 80 USD zu viel Geld, da aus dem Fenster geworfen.

Bei vielen Themes gibt es eine kostenlose Version und eine kostenpflichtige Version. Sie laden die kostenlose Version herunter und können dann quasi mit einem Klick in der kostenlosen Version die kostenpflichtige Version kaufen. Bis dahin konnten Sie feststellen, ob die kostenlose Version das hält, was Sie verspricht oder was Sie sich vorgestellt haben. Sie können sicher sein, dass der Theme-Anbieter darstellt, welchen zusätzlichen Nutzen Ihnen die kostenpflichtige Version Ihnen bietet. Haben Sie noch eine konkrete Zweifelsfrage, die Sie an dem Erwerb der kostenpflichtigen Version hindert, sollte eine Voranfrage beim Theme-Anbieter möglich sein. Schließlich sind Sie ja schon Beinahkunde. Zudem bekommen Sie auf diese Art und Weise schon mal einen Vorgeschmack auf die Art und Weise des Supports für das Theme.

Also auch für Leute, die keine kostenlosen Themes mögen, wäre dieses Zweischrittverfahren eine gangbare Lösung.

Für den Fall, dass man den Test der kostenlosen Version überspringen möchte oder es gibt keine kostenlose Version des Themes, ist die Suche nach einem kostenpflichtigen Theme nicht wesentlich anders als die Suche nach einem kostenlosen Theme.

Allerdings haben Sie dann eine andere Suchbasis. Sie benutzen dann nicht mehr https://de.wordpress.org/themes/, sondern https://de.wordpress.org/themes/commercial/ oder etwas Anderes.

Die Schwierigkeit ein Buch über WordPress-Themes zu schreiben

Warum gibt es soweit ersichtlich – kein Buch über kostenlose WordPress Themes? Weil das Thema so schwierig ist. Am 21. Juni 2019 wurden 7.271 Themes angeboten (Stand 10 Mai 2019: 7.140 Themes), wenn man bei https://de.wordpress.org/themes/ auf den Button „Neueste" klickte. Wenn Sie diese Zeilen lesen, werden bestimmt noch mehr Themes angeboten.

Um es mathematisch einfach zu halten, schätze ich ganz grob, dass ohne Doppelnennungen 4.000 WordPress-Themes gibt. Schreibt man zu diesem 4.000 Themes nur eine Seite, hat man ein Buch mit mindestens 4.000 Seiten. Mindestens 4.000 Seiten, da noch Impressum, Vorwort etc. hinzukommen. Dabei müsste man sich noch den Vorwurf gefallen lassen, dass eine Seite pro Theme zu wenig ist.

Es ist schwer vorstellbar, dass jemand über 4.000 Seiten zu diesem Thema lesen möchte. Falls man doch jemand finden sollte, ist darauf zu verweisen, dass die Begrenzung eines Hardcovers bei BoD bei 700 Seiten liegt. Bei anderen Publikationsdienstleitern dürfte das ähnlich sein. Bei dieser Begrenzung wären das 6 Bücher. Ein Platzverbrauch, den kaum einer in seinem Bücherschrank für dieses Thema haben möchte. Diese 6 Bücher würden dann mehr als 180 Euro kosten. Überhaupt nicht vorstellbar ist, dass jemand so viel Geld für dieses Thema ausgeben möchte.

So gesehen, spielt es auch keine Rolle, ob es 4.000 Themes oder 6.000 Themes oder 8.000 Themes gibt. Das strukturelle Problem bleibt das Gleiche.

Folglich musste ein pragmatischer Ansatz gefunden werden, der

- die Anzahl der Seiten in einem verdaubaren Rahmen hält,
- das Buch (noch) auf einem bezahlbaren Niveau hält,
- und trotz dieser beiden Restriktionen noch genügend Informationen vermittelt.

Ich hoffe, das ist mit diesem Buch gelungen.

Theme-Vorschau, Theme-Demo und Theme-Dokumentation

Wird das Theme sowohl bei WordPress.org als auch bei WordPress.com angeboten, ist die Theme-Doku in der Regel bei WordPress.com umfangreicher (siehe Kapitel „Kostenlose Themes bei WordPress.com").

Wen Sie wollen, können Sie sich es hier leichtmachen. Ein Theme, das nicht zugleich eine Vorschau, eine Demo und eine Theme Dokumentation zu bieten hat, sortieren Sie aus.

Aber bitte nicht so schnell. Den Button „Vorschau" gibt es fast immer.

Auch wenn bei

- https://de.wordpress.org/themes/

keine Theme-Demo und/oder keine Theme-Dokumentation erwähnt sind, heißt das nicht, dass es beides nicht gibt.

Da hilft manchmal nur googeln, um Theme-Demo und/oder Theme-Dokumentation doch noch eventuell zu finden. Zeitsparender ist es natürlich, wenn die Themes direkt bei

- https://de.wordpress.org/themes/

auf Demo, Support und Dokumentation (Instructions) hinweisen. Zumal dort in der Theme-Beschreibung genügend Platz ist. Bei so viel Konkurrenz sollte man es den Interessenten so leicht wie möglich machen.

Bei den Theme-Demos kommt es vor, dass die Demo sich auf die kostenpflichtige Version (oftmals „Pro" genannt) bezieht und sich nicht auf die kostenlose Version (oftmals „Lite" genannt) bezieht. Gleiches kann Ihnen bei der Dokumentation passieren.

Da muss man schon mal genauer hinschauen.

Einige Themes bieten eine 1-Klick-Demo-Import-Funktion zum Download an.

Einige Anbieter beschreiben bei https://de.wordpress.org/themes/ ihr Theme nur in ein oder 2 dürren Sätzen. Bei den Tausenden von Themes, die hier zu finden sind, sind so kurze Beschreibungen mutig.

Support für kostenlose Themes

Auch das gibt es, öfters als erwartet. Support bei was oder für was?

Bei Programmierfehlern im Theme dürfte jeder Entwickler froh sein, dass er darauf aufmerksam gemacht wird.

Support für die Theme-Einstellungen? Ich kann mich nicht daran erinnern jemals eine Theme-Beschreibung gelesen zu haben, in der stand, dass man für die Einrichtung des Themes Support braucht. Ganz im Gegenteil wird öfters darauf verwiesen, wie leicht das sei und andere verweisen dabei auf die Dokumentation zum Theme.

Viele Support-Webpages weisen sogar ausdrücklich darauf hin, dass für die Einrichtung des Themes (customization) kein Support erbracht wird.

Man findet aber zu den bekannten Themes oft im Internet gute Beschreibungen von neutraler Seite, wie das Theme eingestellt werden kann.

Wie dem auch sei, ist angebotener Support ein Pluspunkt, auch wenn das Angebot an sich noch nichts über die Qualität des Supports aussagt. Dabei habe ich die Hoffnung, dass man allein schon aus Marketinggründen keinen schlechten Support anbietet. Zumal gerade im Internet für einen miserablen

Support ganz leicht und ganz schnell schlechte Bewertungen vergeben werden können.

Andererseits ist es schon erstaunlich, dass es für kostenlose Themes überhaupt Support angeboten wird. Daher sollte man auch fair sein und nicht allzu viel erwarten. Man sollte unter diesen Umständen froh sein, dass es überhaupt einen Support gibt.

Support muss hier nicht unbedingt persönliche Betreuung bedeuten. Support wird oftmals im Rahmen eines Forums des Anbieters angeboten.

Dabei kommt es natürlich auch darauf, wie oft ein Theme installiert wurde. Mit der steigenden Anzahl der Installationen steigt die Chance, dass im Forum die Anzahl der Beiträge zu einem Theme zahlreicher ist.

Theme-unabhängiger Support

Auch muss der Support, sei es über ein Forum oder auf einem anderen Weg nicht themespezifisch sein.

Hier einige Beispiele:

http://8degreethemes.com/support/

https://www.acmethemes.com/supports/

https://catchthemes.com/support/

https://codethemes.co/support/

https://edatastyle.com/dwqa-questions/

https://mysterythemes.com/support/form/themes/free-themes/

http://oceanwebthemes.com/support/

https://purothemes.com/support/

https://raratheme.com/support-ticket

http://sparklewpthemes.com/support/

https://themegrill.com/support-forum/

http://www.theme.al/support-forum/

http://themehorse.com/support-forum/

http://themepalace.com/support-forum/

http://www.themeinwp.com/support/

http://wphoot.com/support/

Themespezifischer Support

Es gibt auch themespezifischen Support; zumindest der URL nach.

Hier einige wenige Beispiele, die ich gefunden habe:

Für das Theme **Magazin Prime** mit über 1.000 aktiven Installationen

http://www.themeinwp.com/support-forum/forum/magazine-prime

Für das Theme **iFeature** mit über 5.000 aktiven Installationen

https://cyberchimps.com/forum/free/ifeature/

Für das Theme **StoreVilla** mit über 6.000 aktiven Installationen

https://accesspressthemes.com/support/forum/themes/free-themes/storevilla/

Für das Theme **Blog Way** mit über 3.000 aktiven Installationen https://www.prodesigns.com/wordpress-themes/support/item/blogway/

Für das Theme **Masonry Brick** mit über 300 aktiven Installationen

https://support.napitwptech.com/forums/forum/masonry-brick/

Für das Theme **Creative Blog** mit über 700 aktiven Installationen

https://support.napitwptech.com/forums/forum/creative-blog/

Supportforum bei WordPress.org für Themes

Gibt es von Seiten des Anbieters keinen Support, bleibt einem immer noch

bei https://de.wordpress.org/themes/ die Möglichkeit bei einem einzelnen Theme auf den Button „Supportforum anzeigen" klicken.

Supportforum anzeigen

Hier sieht man dann, inwieweit das jeweilige Theme schon Gegenstand von Anfragen und Problemschilderungen bei WordPress.org war.

Die URL lautet dann z. B. so:

https://wordpress.org/support/theme/twentyseventeen

Sogar Dokumentationen sind hier manchmal zu finden. Dokumentation wird in diesem Buch oft abgekürzt „Doku" genannt.

Ferner gibt es noch bei WordPress.org ein Forum für Themes.

https://de.wordpress.org/support/forum/themes/

Um dort eine Frage zu einem Theme zu stellen, müssen Sie sich im Forum über den Button „+Anmelden, um ein Thema zu erstellen" anmelden.

Folgender Text von WordPress ist dabei zu beachten:

Bei kostenlos im WordPress Repository erhältlichen Themes und Plugins steht jeweils ein eigenes, englischsprachiges Supportforum zur Verfügung. Dies ist direkt auf der Plugin- bzw. Theme-Seite verlinkt. Du findest dort leichter eine Antwort, weil auch Autoren antworten, die sich mit ihrem eigenen Produkt viel besser auskennen.

Hinweise für Theme-Entwickler

Da es sich um kostenlose Themes handelt, tue ich mich schwer, nur deswegen ein Theme abzulehnen, weil es keinen Support gibt. Zumal es für einen Einzelkämpfer schwieriger ist Support anzubieten als für eine Organisation. Wenn z. B. bei 300 aktiven Installationen nur jeder Dritte eine Frage hat, wird der Einzelkämpfer seines Lebens nicht mehr glücklich. Daher macht es für Einzelkämpfer noch mehr Sinn als für Organisationen ein leicht zu verstehendes Theme zu entwickeln. Ein leicht zu verstehendes Theme hat in der Regel eine geringere Vielfalt von Einstellungsmöglichkeiten. Wer keine Ressourcen für Support hat, kann dieses Problem teilweise durch Komplexitätsverringerung oder eine sehr gute Doku lösen.

Ob und inwieweit in diesem Forum auch Fragen zu Themes beantwortet werden, die keine Standard-Themes von WordPress sind, kann ich nicht garantieren. Formal korrekt ist der Einwand, dass man sich stattdessen erstmal an den Entwickler des Themes wenden soll. Aber mit etwas Glück finden Sie trotzdem jemand, der Ihre Frage beantwortet. Aber viele Hoffnungen will ich Ihnen an dieser Stelle nicht machen. Wenn niemand in diesem Forum, das von Ihnen ausgewählte Theme kennt, werden Sie alleine deswegen wahrscheinlich keine Antwort erhalten. Daher auch der Hinweis von WordPress (siehe oben).

Bewertungen und Anzahl Installationen als Entscheidungskriterien

Natürlich kann man Bewertungen als Entscheidungskriterium für die Auswahl eines Theme nehmen. Ich schlage allerdings vor, erst sich dann die Bewertung anzuschauen, wenn Sie vorab schon andere Auswahlkriterien genutzt haben.

Was nützt Ihnen eine tolle Bewertung, wenn Sie gar kein 4-spaltiges Theme haben wollen? Oder wenn Sie mit Ihrem Blog kein E-Commerce betreiben wollen?

Zudem ist bei diesen Bewertungen – im Gegensatz zu Hotelbewertungen - nicht klar, welche Gründe für die Bewertung eine Rolle gespielt haben.

Bei neueren Themes werden Sie in der Regel keine ausreichende Zahl von Bewertungen vorfinden. Ich schaue mir gerade ein Theme an, das 10 Installationen hat und keine Bewertung.

Dieses Theme muss trotzdem nicht schlecht sein.

Aber hieran zeigt sich auch, dass Bewertungen und Anzahl Installationen in einem gewissen Zusammenhang stehen.

Extrembeispiel: Wenn ein neues Theme 0 Installationen hat, dann kann es eigentlich auch keine Bewertungen geben.

Aber auch bei der Anzahl der Installationen würde ich vorab erstmal andere Auswahlkriterien greifen lassen.

Es stellt sich die Frage, ob denn eine hohe Anzahl von Installation bedeutet, dass dieses Theme auch in der Zukunft weiterentwickelt wird, so dass es auch bei zukünftige WordPress Versionen und für höheren Plugin-Versionen weiterhin benutzt werden kann.

Beispiel: Ein Theme wird Gutenberg-fähig gemacht.

Bei den Standard-Themes ist diese Hoffnung besonders groß. Auch erscheint es mir plausibel, dass wenn kostenpflichtige Pro-Version für ein Theme angeboten wird, das kostenlose Theme (Lite-Version)nicht so schnell in Vergessenheit gerät. Schließlich soll das kostenlose Theme als Einstiegstor zum kostenpflichtigen Theme fungieren.

Steckt dagegen hinter einem Theme nur ein Entwickler als Einzelkämpfer, wird dessen Motivation mit der Anzahl der Installationen steigen, das Theme in der Zukunft weiterzupflegen.

Aber auch diese einzelne Person muss irgendwie Ihren Lebensunterhalt bestreiten können; mit einem kostenlosen Theme gelingt das sicher nicht.

Aber auch eine Mehrzahl von Entwicklern wird sich von einem Theme abwenden, wenn es kaum installiert wird.

Im August 2017 gab es bei der folgenden URL noch eine Liste deutschsprachiger Themes.

http://blog.wpde.org/2006/02/12/liste-deutschsprachiger-wordpress-themes.html

Von diesen rund 160 Themes die in 2006/2007 eingedeutscht wurden, hatte bereits im August 2017 so gut wie keines überlebt.

Ziemlich sicher ist, dass bei einer hohen Anzahl von Installationen die Kinderkrankheiten eines Themes beseitigt worden sind. Ob es welche gab, kann man in verschiedenen Foren und Online-Communities nachlesen

Z. B. bei https://de.wordpress.org/hilfe/

Bei der Anzahl der Installationen werden in diesem Buch ausschließlich die Werte von

https://de.wordpress.org/themes/

berücksichtigt. Wobei klar ist, dass es natürlich auch andere Installationswege gibt z. B. ein Download direkt auf der Webpage des Entwicklers oder der Entwicklerin.

Fazit: Wenn für Sie Bewertungen und die Anzahl der Installationen wichtige Kriterien sind, dann werden Sie kein Theme von „Neueste" nehmen wollen. Dann können Sie die Themes, die Sie dort finden, beiseiteschieben.

Dadurch würde sich die Anzahl der Themes die für Ihre Auswahl zur Verfügung stehen, um über 1.170 Themes verringern.

(siehe https://de.wordpress.org/themes/browse/new/)

Leider wäre das kein richtiger Befreiungsschlag, denn stehen dann immer noch Tausende von Themes zur Verfügung.

Ich berücksichtige in diesem Buch in erster Linie die Themes pro Layout oder pro Funktion oder pro Thema mit den höchsten Installationen. Die Anzahl der Installationen ist ein objektives Kriterium, Bewertungen sind immer subjektiv. Auch wenn einem die Bewertung im Einzelfall zutreffend erscheint.

Mir fällt auch kein Argument ein, warum man Themes mit wenigen Installationen im Vergleich zu Themes mit vielen Installationen bevorzugt nennen sollte. Sollten Hoffnungsträger darunter sein, müssen sich diese erstmal durchsetzen. Das ist mit Talenten im Sport genauso.

In den Fällen, in denen die Theme-Beschreibung recht dürftig ist, kommt der Anzahl der aktiven Installationen ein noch größeres Gewicht zu. An irgendeinem objektivem Kriterium muss man sich schließlich orientieren.

Man kann allerdings auch darauf achten, wie viele Versionen ein Theme hat und/oder wann es zuletzt aktualisiert wurde.

Sollten Entwickler dieses Buch lesen, können sie zudem erkennen, wie weit der Weg für ihr Theme noch ist, um in die Shortlist der Themes mit den meisten Installationen zu gelangen.

Zudem bietet sich auf diesem Weg die Chance für Entwickler herauszufinden, warum die Themes der anderen Entwickler erfolgreicher sind.

Dieser Ansatz führt übrigens nicht dazu, dass in diesem Buch nur Themes mit z. B. über 10.000 aktiven Installationen gelistet sind. So haben z. B. in dem Kapitel „Themes für Magazine mit maximal einer Spalte" die Spitzenreiter nur über 300 aktive Installationen.

Theme-Beschreibungen

Warum ist das Buch teilweise in Englisch? Weil viele Theme-Beschreibungen in Englisch sind. In der Spalte „Kurzbeschreibung" in den Tabellen, werden die Theme-Beschreibungen verkürzt „zitiert". „Zitiert" bedeutet, dass zwar die englische Sprache übernommen wird, aber in einigen Fällen die Theme-Beschreibung leicht abgewandelt wird, damit der Text in die Spalte „Kurzbeschreibung" besser reinpasst. Grundsätzlich sind die englischsprachigen Theme-Beschreibungen trotz der Verwendung dieser Fremdsprache gut zu verstehen. Wenn man mal von der Verwendung der Fachbegriffe absieht. Solche schwer zu verstehenden Fachbegriffe können sie aber auch in deutschsprachigen Theme-Beschreibungen finden.

Hier einige Beispiele:

- Twitter Bootstrap
- Kirki Framework
- Bootstrap framework
- based on Bootstrap 4 framework

- WPKoi theme

Manchmal hat man Eindruck, dass die Theme-Beschreibung für andere Theme-Entwickler geschrieben worden ist.

Natürlich ist vorstellbar, dass ein Theme-Entwickler mal ein Theme einer Kollegin oder eines Kollegen ausprobiert. Doch die Benutzer/Anwender eines Themes sind in der Regel eben keine Theme-Entwickler. Der große Erfolg von WordPress beruht neben seiner kostenfreien Verwendung auf seiner einfachen Benutzung. Für viele Bereiche (Themes, Plugins etc.) sind keine Programmierkenntnisse erforderlich.

Daher überlässt dieses Buch die Erklärung der o. g. Begriffe den Theme-Entwicklern. Zumal einer Definition noch die Erklärung hinzufügen wäre, warum die o. g. „Eigenschaften" für das spezielle Theme von besonderem Nutzen sein sollen.

Damit sind wir bei einer anderen Schwäche der Theme-Beschreibungen. In vielen Fällen ist nicht klar, warum ein bestimmtes Theme für ein Thema oder eine Branche besonders geeignet sein soll. Obwohl der Platz, der für die Theme-Beschreibung zur Verfügung gestellt wird, oft nicht vollends ausgeschöpft wird.

Manche Theme-Beschreibungen bestehen nur aus einem Satz. Bei so vielen potentiellen Wettbewerbern ist das mutig.

Theme-Beschreibungen in englischer Sprache bedeuten übrigens nicht zwangsläufig, dass das Theme nicht in der deutschen Sprache vorhanden wäre oder nicht übersetzbar wäre (siehe das Kapitel „Brauchen Sie ein übersetzbares Theme?").

Hinweise für Theme-Entwickler

Zur Theme-Beschreibung gehört natürlich auch der Name des Themes. Manche Theme-Namen sind so unglücklich gewählt, dass man sie auf https://de.wordpress.org/themes/ kaum findet.

2 Beispiele: Die Theme-Namen **Make** und **Di eCommerce**

Es empfiehlt sich daher vor der Vergabe des Namens, für das Theme auf https://de.wordpress.org/themes/ zu testen, wie viele Treffer es dort für den angedachten Namen es geben würde.

Wird Ihr Theme dort nicht gefunden, kann es auf diesem Weg auch nicht installiert werden.

Sollte das Theme responsive sein?

Responsive Themes, sind Themes, die auf jedem Gerät (PC, Smartphones, Tablets etc.) gelesen werden können.

Ich habe schon mehrmals gelesen, dass mehr als über 50 % der Besucher über andere Geräte als den PC ins Internet gehen.

Die Frage kann im Jahr 2019 nur mit einem klaren „Ja" beantwortet werden. Das wäre ein herber Besucherverlust, wenn die Webpage von für itdoor.lu nicht z. B auf dem Smartphone lesbar wäre.

Gibt man bei https://de.wordpress.org/themes/ den Suchbegriff „responsive" ein, erhält man im August 2017 über 1.500 Treffer, im Mai 2019 sind es schon über 2.550 Treffer.

Taucht das Wort „responsive" nicht in der Theme-Beschreibung auf, dann heißt das aber noch nicht, dass das Theme nicht „responsive" ist. So einfach ist das leider nicht. Z. B. In der Theme-Beschreibung des Standard-Themes „Twenty Seventeen" findet man das Wort „responsive" nicht.

Stattdessen steht in der Beschreibung dieses Themes:

Unser Standard-Theme für 2017 funktioniert großartig in vielen Sprachen, für jede Anwendergruppe und auf allen Geräten.

Bei manchen Themes hilft die Theme-Beschreibung nicht weiter. Da kann sich dann aus anderen Quellen ergeben, ob ein Theme responsive ist. Also dann googeln und/oder das Theme testen.

Responsiveness eines Themes testen

Ich unterscheide im Folgenden zwischen dem Test mit Online-Tools des Themes im Webspace und dem Test des Themes auf dem PC (Localhost). Obwohl einige der Online-Tools auch für die URL vom Localhost nutzbar sein sollen.

Generell ist zu empfehlen, das ausgewählte Theme erstmal auf dem Localhost umfassend zu testen. Auch wenn klar sein sollte, dass das ausgewählte Theme responsive ist. Nach Beendigung der Tests kann man dann das Theme und den Content der Website z. B. mit dem Plugin „Duplicator" in den Webspace transportieren.

Responsiveness eines Themes mit Online-Tools testen

Wer ein Smartphone und ein Tablet hat, kann ganz einfach testen, ob das Theme responsive ist. Er stellt das ausgewählte Theme in seinen Webspace, so dass es im Internet zur Verfügung steht.

Wer kein Smartphone und kein Tablet hat, der kann z. B mit diesen Online-Tools testen, ob das ausgewählte Theme responsive ist:

- http://ami.responsivedesign.is/
- https://www.responsive.cc/

- https://search.google.com/test/mobile-friendly

Responsiveness eines Themes auf dem PC testen

- http://allwebco-templates.com/support/S_media-queries-testing.htm
- https://developer.mozilla.org/de/docs/Tools/bildschirmgroessen-testen
- https://stackoverflow.com/questions/10850545/how-to-test-responsive-web-design-on-xampp
- https://chrome.google.com/webstore/detail/responsive-web-design-tes/bdpelkpfhjfiacjeobkhlkkgaphbobea

Bei den folgenden Kapiteln wird einfach vorausgesetzt, dass die dort erwähnten Themes responsive sind. Sollte das dann doch mal nicht der Fall sein, können Sie entscheiden, ob Sie dieses Theme trotzdem benutzen wollen. Was aus Sicht von Google allerdings schlecht wäre.

Responsives Webdesign ist der von Google empfohlene Ansatz.

Quelle:

https://developers.google.com/search/mobile-sites/mobile-seo/

Brauchen Sie ein übersetzbares Theme?

Anzahl übersetzbarer Themes

Bei https://de.wordpress.org/themes/ können Sie nach „übersetzbar" filtern, indem Sie dort ein Häkchen setzen.

Jede weitere Sprache, in der ein Theme verfügbar ist, fördert die Verbreitung des Themes und damit die Anzahl der Installationen. Ferner wird der Bekanntheitsgrad des Entwicklers des Themes gesteigert. Unter diesem Gesichtspunkt müsste der Anteil der übersetzbaren Themes in der Zukunft eher zu- als abnehmen.

Das ist in Tat so.

Datum	Anzahl übersetzbarer Themes
August 2017	über 2.000
Mai 2019	über 3.600

Tabelle 1 Anzahl übersetzbare Themes

Einen Mangel an übersetzbaren Themes gibt es also nicht. Bei der Kombination „3 Spalten" & „Magazin" ist übrigens so gut wie jedes Theme übersetzbar.

Deutschsprachige Themes

Wenn man bei https://de.wordpress.org/themes/ nach „German" sucht, findet man 30 bis 40 Themes, die in die deutsche Sprache übersetzt worden sind. Das hilft einem nicht weiter. Alleine schon aus dem Grund, dass in diesen 30 bis 40 Themes nicht die Standard-Themes von WordPress enthalten sind, die alle in deutscher Sprache verfügbar sind.

- Siehe Kapitel Themes mit über 100.000 aktiven Installationen

Eine bessere Möglichkeit ist es, insbesondere bei den Themes mit einer deutschsprachigen Theme-Beschreibung, am rechten Rand in der Theme-Beschreibung auf den Link unter „Übersetzungen" zu klicken. Dort können Sie dann in der Regel den Übersetzungsstatus des Themes für mehrere Sprachen sehen.

Hier gibt es noch weitere Erklärungen von WordPress z. B. was „fuzzy" bei der Übersetzung bedeutet.

- https://translate.wordpress.com/tag/fuzzy/

Zurück zur Frage „Brauchen Sie ein übersetzbares Theme?". Wenn Sie keines der Standard-Themes von WordPress benutzen wollen, brauchen Sie im Zweifelsfall ein übersetzbares Theme.

Wie sich aus den folgenden Unterkapiteln ergibt und den dort aufgelisteten Links ergibt, ist das aber kein Problem. Programmierkenntnisse sind nicht erforderlich. Da es daher jedem gelingen sollte, ein Theme zu übersetzen, sollte die (teilweise) fehlende Übersetzung in die deutsche Sprache kein Grund sein, ein Theme nicht zu benutzen.

Das Programm Poedit für die Übersetzung von Themes

Man kann Themes mit dem kostenlosen Programm Poedit übersetzen.

Wie das geht, können Sie z. B. hier nachlesen:

- https://www.keywordmonitor.de/wordpress-tutorial/themes-uebersetzen/

Das Plugin Loco Translate für die Übersetzung von Themes

Oder man hilft sich mit einem kostenlosen Plugin wie Loco Translate. Wie dieses Plugin einzusetzen ist, können Sie z. B. hier lesen.

- https://www.webtimiser.de/wordpress-theme-uebersetzen-so-gehts/
- https://themecoder.de/2017/07/14/themes-und-plugins-direkt-im-wordpress-backend-uebersetzen/

- https://wpwissen.com/wordpress-themes-und-plugins-ganz-einfach-selbst-uebersetzen/

Das Plugin WPML für die Übersetzung von Themes

Falls Ihnen diese kostenlosen Hilfsmittel nicht gut genug sein sollten oder Sie haben ohnehin vor Ihren Blog mehrsprachig zu betreiben, können Sie das Plugin „WPML kaufen. Doch vorher sollten Sie in der Theme-Beschreibung nachlesen, ob das Theme mit WPML kompatibel ist. Bei der Verwendung des Stichwortes „WPML" wurden allerdings im Juni 2019 nur 208 Themes angeboten. Da mir diese Zahl nicht plausibel erscheint, empfehle ich, dass Sie bei https://wpml.org/de/documentation-3/theme-kompatibilitat/ überprüfen, ob das von Ihnen auserwählte Theme mit WPML übersetzt werden kann.

Je nachdem welche Version man von WPML kauft, liegen die Preise ungefähr zwischen 30 und 200 USD.

Übersetzungsanleitungen für Themes im Internet

Im Internet gibt es übrigens darüber hinaus viele Webpages, die beschreiben, wie man ein Theme übersetzen kann.

Z. B. diese Webpages:

- https://themezee.com/de/docs/theme-uebersetzung/
- https://www.templatemonster.com/de/blog/wordpress-theme-ins-deutsche-uebersetzen/
- https://www.templatemonster.com/de/blog/wordpress-theme-ins-deutsche-uebersetzen/
- https://www.admospherics.de/wordpress-theme-uebersetzen

Ein Translator Handbook von WordPress gibt es übrigens hier:

https://make.wordpress.org/polyglots/handbook/tools/glotpress-translate-wordpress-org/

Allgemeine Erläuterungen zu den Tabellen

Um die Tabellen entsprechend der vorgegebenen Seitenbreite vernünftig abbilden zu können, musste ich einige Kompromisse eingehen. Ich denke, es ist nachvollziehbar, dass unter diesen Umständen elendig lange URLs für Demo, Support und Doku nicht in die Tabellen hineinpassen. Dreizeilige Kurzbeschreibungen in den Tabellen sind hoffentlich noch hinnehmbar.

Um die Erläuterungen verständlicher zu machen, habe ich eine kleine Tabelle konstruiert. Wobei nicht in jeder Tabelle alle hier gezeigten Spalten enthalten sein müssen.

Theme	Installationen	Spalten	Kurzbeschreibung	Demo	Support	Doku
Theme A	500+	(2, 3)	Blog-Theme	x		
Theme B	10.000+	?	Magazin-Theme		x	x

Tabelle für Erläuterungen

Vielleicht können sie schon an dieser Tabelle erkennen, wie knapp der Platz ist.

- Theme = Name des Themes
- Installation = die Anzahl der aktiven Installationen
- Spalten (2,3) = dieses Theme kann zweispaltig oder dreispaltig eingerichtet werden, [2] = dieses Theme gibt es nur zweispaltig

- Spalten ? = nicht angegeben, wie viele Spalten das Theme haben kann, dieser Fall kommt bei den Themes von WordPress.org selten vor
- Kurzbeschreibung = aus der Theme-Beschreibung beliebig zusammengebastelt, könnte daher auch einen anderen Inhalt haben
- Demo x = es gibt in der Theme-Beschreibung einen Link zur Demo-Version des Themes
- Support x = es gibt in der Theme-Beschreibung einen Link zum Support
- Doku x = es gibt in der Theme-Beschreibung einen Link zur Dokumentation/zu den Instructions

Bei https://de.wordpress.org/themes/ wird die Anzahl der aktiven Installationen mit einem nachfolgenden Pluszeichen dargestellt (z. B. 500+). Das Pluszeichen bedeutet, dass es über 500 aktive Installationen gibt.

Natürlich kann es auch an anderen Stellen z. B auf der Webpage des Entwicklers eine Demo oder Support oder eine Dokumentation geben, ohne dass das bei der Theme-Beschreibung erwähnt worden ist. Ziel sollte es sein, dass man möglichst viele weiterführende Angaben unmittelbar bei der Theme-Beschreibung findet. Suchende haben es in der Regel eilig.

Ferner gibt es im Internet viele Theme-Beschreibungen, die nicht vom Entwickler stammen. Liest man diese Theme-Beschreibungen, ist in der Regel dieses Theme bereits in der engeren Auswahl gelandet.

Da selbst die Lottozahlen ohne Gewähr sind, kann ich für die Richtigkeit der Angaben bei https://wordpress.com/themes und bei https://de.wordpress.org/themes/ ebenfalls keine Gewähr übernehmen.

Zudem sind bei der Vielzahl der Informationen in den vielen Tabellen Tippfehler möglich.

An dieser Stelle kann ich noch auf folgende Kapitel hinweisen:

- Support für kostenlose Themes
- Wie viele Spalten soll das Theme haben?

Passendes Theme zufällig finden

Sie sind im Internet „unterwegs" und finden zufällig eine Webpage, die Ihnen gefällt. Dann gibt es grundsätzlich die Möglichkeit herauszufinden, ob ein WordPress-Theme benutzt wird und welchen Namen dieses Theme hat.

Zu diesem Zweck rufen Sie https://whatwpthemeisthat.com/ auf.

Selbst wenn ein WordPress-Theme verwendet worden ist, wird in vielen Fällen der Name des Themes verborgen.

WHAT WORDPRESS THEME IS THAT?

https://whatwpthemeisthat.com/

Very sneaky! I'm not telling!

Wie sie sehen, gibt „whatwpthemeisthat.com" selber den Namen seines Themes nicht preis.

Hier gibt es wenigstens noch eine Meldung. Bei anderen Webpages, die diese Information nicht herausrücken wollen, hört „whatwpthemeisthat.com" nicht auf zu suchen. So dass man gezwungen ist, z. B. den Tab im Browser zu schließen.

Da aber der Aufwand recht gering ist, will dennoch kurz diese Möglichkeit erwähnen. Das ist auf jeden Fall einfacher, als über die rechte Maustaste im Seitenquelltext/Code nach „/wp-content/themes/" zu suchen. Zumal der Gebrauch der rechten Maustaste durch z. B. das Plugin „WP Content Copy Protection & No Right Click" ausgeschlossen werden kann.

Sie können natürlich mit dieser Methode – mit etwas Glück – herausfinden, welche Themes Ihre „Wettbewerber" einsetzen.

Beispiel. Sie wollen Ihre Urlaubsfotos ins Internet stellen. Sie schauen sich Blogs an, die von Urlaubsreisen berichten.

Beispiel: Sie sind Immobilienmakler und möchten im Internet auf die von Ihnen im Augenblick gemakelten Objekte aufmerksam machen. Sie schauen sich die Webpages anderer Immobilienmakler an.

Wenn Sie zu diesem Zweck über https://whatwpthemeisthat.com/ den Namen eines Themes in Erfahrung bringen können, wäre das dann auf Zufall beruhend. Denn es ist davon auszugehen, dass im Zweifelsfall kein WordPress-Theme verwendet worden ist oder der Name des Themes im Verborgenen bleibt.

Kostenlose Themes bei WordPress.com

Obwohl wie bereits im Vorwort erwähnt, sich dieses Buch hauptsächlich auf die kostenlosen Themes bei https://de.wordpress.org/themes/ bezieht, sei ein Blick auf die kostenlosen Themes bei WordPress.com erlaubt.

Die kostenlosen Themes bei WordPress.com können Sie hier sehen:

- https://wordpress.com/themes

Die kostenlosen Themes bei WordPress.com können Sie an dem Button „Pick this design Free" erkennen.

Einige Unterschiede zwischen WordPress.com und WordPress.org

Bei WordPress.com müssen Sie nicht nach einem Hoster suchen und keine (kostenpflichtige) Domain beantragen. Mit der Anmeldung erhalten sie von WordPress.com eine Subdomain und WordPress.com gewährt Ihnen 3 GB Speicherplatz (Webspace) für Sie.

Nur mal so zum Vergleich. ItDoor mit seinen über 2.000 Screenshots verbraucht im Augenblick im Root-Verzeichnis etwa über 200 MB. 3 GB müssten für den Anfang also erstmal reichen.

Ferner ist WordPress bei WordPress.com bereits installiert. Letzteres ist aber kein großer Vorteil, da es Hoster gibt, bei denen man mit einem Klick WordPress installieren kann.

Ein weiterer Vorteil von WordPress.com ist, dass sich WordPress.com um den Hackerschutz kümmert. Zu den ersten Besuchern einer Website gehören die Hacker. Wer WordPress ohne WordPress.com nutzt, sollte daher erstmal ein Plugin oder einige Plugins für den Hackerschutz installieren und aktivieren. An die letzten Feinheiten Ihrer WordPress-Website können Sie später noch Hand anlegen.

Es gibt noch mehr Unterschiede zwischen WordPress.com und WordPress.org. Worauf ich an dieser Stelle hinauswill: Pauschal kann man sagen, dass WordPress.com eher für WordPress Einsteiger geeignet ist.

Bei meinem Einstieg hat mich bei WordPress.com gestört, dass ich dann eine Subdomain itdoor.wordpress.com erhalte.

Will ich mich ab einem bestimmten Bekanntheitsgrad meiner Webpage von WordPress.com lösen, habe ich dann itdoor.lu statt itdoor.wordpress.com.

Das ist dann fast wie ein Neustart, auch wenn man einige Leser vorab über den Umzug informieren kann. Die müssen dann ggf. ihre Favoriten und Feeds ändern.

Eine WordPress-Website ohne WordPress.com aufzubauen, ist nicht schwieriger als ein Fußnotenverzeichnis in Word zu erstellen, es dauert bloß länger. Ich musste bisher nicht programmieren. Einen Mangel an Informationen an Webpages oder in Foren gibt es nicht. Steht die Website inklusive Hackerschutz als Grundgerüst, bleibt es Ihnen überlassen, was Sie an Ihrer Website, wenn man mal vom Content absieht – verbessern wollen. Es eilt nicht! Sie haben Zeit. Sie haben deswegen Zeit, weil es in der Regel dauert bis Ihre Website eine nennenswerte Anzahl von Lesern anlockt. Wichtig ist daher, dass Sie mit Ihrem Grundgerüst sofort mit der Erstellung von Inhalten beginnen können. Einen Newsletter z. B. müssen Sie nicht schon am dritten Tag anbieten. Am vierten Tag brauchen Sie auch noch kein Werbebanner auf Ihrer Website.

Die Website steht dann irgendwann mal zu Ihrer Zufriedenheit. Danach Aufwand für Wartungsarbeiten und/oder sonstiger technischer Aufwand? Kein Aufwand! Meine Hemden wechsele ich jeden Tag, mein Theme und die Plugins aber nicht.

Doch etwas Aufwand. Wenn ich neuen Content vom Localhost in den Webspace transportiere, sind das ein paar Klicks. Theme und aktualisiere ich nur dann sofort, wenn es die Schließung von Sicherheitslücken geht. Ansonsten warte ich bei den Aktualisierungen erstmal ab, bis eventuell vorhandene Kinderkrankheiten beseitigt sind.

Nach diesem kleinen Ausflug geht es zurück zum Thema „Kostenlose WordPress-Themes".

Hier sehen Sie, wie sich die Anzahl der Themes insgesamt bei WordPress.com in etwas weniger als 2 Jahren entwickelt hat. Die Anzahl der

Themes umfasst also die kostenlosen und die kostenpflichtigen Themes bei WordPress.com.

Datum	Anzahl Themes
25.7.2017	174
16.5.2019	284

Tabelle 2 Vergleich Anzahl Themes 2017/2019 WordPress.com

Das sind deutlich weniger Themes als bei https://de.wordpress.org/themes/. Die Anzahl „Neuste" Themes betrug dort am 16.5.2019 7.150 Themes. Selbst wenn bei dieser Zählung Mehrfachnennungen enthalten sein sollten, ist der Unterschied gewaltig.

Zumal von den 284 Themes bei WordPress.com nur 100 Themes kostenlos (free) sind.

Erläuterungen zu den Tabellen in diesem Kapitel

Soweit Themes auch bei WordPress.org angeboten werden, stammen die Angaben über die Anzahl der Installationen, die Anzahl der Spalten und die Kurzbeschreibung von WordPress.com.

Die Anzahl der Spalten und die Anzahl der Installationen habe ich bei WordPress.com auf der Registerkarte „Overview" nicht gefunden.

Wenn Sie möchte, können Sie die Kurzbeschreibung von WordPress.org mit der Beschreibung bei WordPress.com vergleichen. Ansonsten siehe das Kapitel „Allgemeine Erläuterungen zu den Tabellen".

Bei den Themes, die nur bei WordPress.com angeboten werden, sind die Kurzbeschreibungen natürlich aus den Theme-Beschreibungen von WordPress.com zusammengeschustert worden.

Die Standard-Themes bei WordPress.com

Bis auf das Standard-Theme „Twenty Ten" stehen Ihnen bei WordPress.com alle Standard-Themes zur Verfügung.

Theme	Installationen	Spalten	Kurzbeschreibung
Twenty Nineteen	1 Million+	(1)	Standard-Theme, beweist die Leistungsfähigkeit des Block-Editors zu demonstrieren
Twenty Seventeen	1 Million+	(1, 2)	Standard-Theme, Fokus auf Business-Websites
Twenty Fourteen	200.000+	(2, 3)	Standard-Theme, adaptive Magazin-Website erstellen
Twenty Eleven	200.000+	(1, 2)	Standard-Theme, benutzerdefinierte Menüs, die Header-Grafiken
Twenty Twelve	200.000+	(1, 2)	Standard-Theme, Startseiten-Vorlage mit eigenen Widgets
Twenty Fourteen	200.000+	(2, 3)	Präsentiere deine wichtigsten Beiträge entweder in einem Raster oder einem Slider
Twenty Sixteen	500.000+	(1, 2)	Standard-Theme, horizontale Kopfzeile, optionale rechte Seitenleiste
Twenty Thirteen	100.000+	(1, 2)	Standard-Theme, bringt uns zurück zum Blog
Twenty Fifteen	300.000+	(2)	stellt das Bloggen in den Mittelpunkt

Tabelle 3 Standard-Themes bei WordPress.com

Kostenlose Themes bei WordPess.com und bei WordPress.org

Es handelt sich also um Themes, die sowohl bei WordPress.com als auch bei WordPress.org zur Verfügung stehen. Ohne die Standard-Themes (siehe oben) sind das im Augenblick 55 Themes.

Theme	Kurzbeschreibung	Installationen
Affinity	designed with weddings and family announcements in mind	3.000+
Afterlight	einfarbiges Theme mit der Option für einen Vollbild-Hintergrund	900+
AltoFocus	Theme für Fotografen, Künstler und andere Kreative	600+
Argent	clean and modern portfolio theme	10.000+
Baskerville 2	Baskerville - Beiträge, Videos, Bilder und Galerien präsentieren	10.000+
Blask	modern portfolio theme	3.000+
Boardwalk	minimalistisches Theme mit horizontalem Scrollen	1.000+
Bushwick	ein leichtes, dynamisches Blog-Theme	1.000+
Canape	Theme, das für Restaurants und die Gastronomie optimiert wurde	2.000+
Capoverso	designed for those who want to make a bold statement in a simple way	500+
Circa		
Coherent	with full screen featured images and a sliding panel sidebar	500+
Confit	perfektes Theme für Restaurants und Cafés	2.000+
Cubic	Child-Theme	

Cyanotype	monochromatic blog theme with a bold, yet simple look	500+
Dara	is ready to get to work for your business.	10.000+
Edin	eine solide und auch gut aussehende Online-Präsenz für dein Business	6.000+
Escutcheon	is the perfect theme for writers who want to stand apart from the rest	400+
Espied	A portfolio theme for designers and photographers	900+
Gateway	customizer options, perfectly suited for a variety of WordPress users	6.000+
Gazette	suited for minimalist magazine-style sites, personal blogs	1.000+
Hemingway Rewritten	= Hemingway?, two-column theme for bloggers, Gutenberg support	20.000+
Hew	personal blog theme with distinct identity and a splash of colour!	1000+
Hexa	colorful personal blogging theme	900+
Illustratr	Minimalistisches Portfolio-Theme	5.000+
Independent Publisher 2	=Independent Publisher?, beautiful reader-focused WordPress theme	3.000+
Isola	für deine besten Arbeiten, Photos, Videos oder Geschriebenes.	1000+
Ixion	theme for non-profits, organizations, and schools	2.000+
Karuna	clean business theme designed with health and wellness-focused sites	6.000+
Libretto	zur Präsentation langer Texte mit schönen Bildern	2.000+
Lingonberry	theme for bloggers, theme for bloggers, Gutenberg support, Demo	1.000+
Lodestar	One-Page Theme, speziell für Start-Ups und	8.000+

		kleine Unternehmen	
	Lovecraft	two-column theme for bloggers, Gutenberg support, Demo	10.000+
	Nucleare	ideal for blogging, with two columns, unlimited colors, Gutenberg, Demo	1.000+
	Orvis	Portfolio-Theme, das vorrangig für Designer und Fotografen	2.000+
	Pictorico	grid-based theme, perfect for a photoblogging or travel site	3.000+
	Pique	One-Page-Theme für kleine und mittelständische Unternehmen (KMUs)	4.000+
	Radcliffe 2	= Radcliffe?, for bloggers, Gutenberg support, Demo	2.000+
	Rebalance	modernes Theme für Fotografen, Künstler und Grafikdesigner	1.000+
	Resonar	elegantes Blog-Theme, mit bildschirmfüllenden Beitragsbildern	1.000+
	Revelar	einspaltiges Blogging-Theme, für wunderschöne Fotografien	500+
	Rowling	einfaches und elegantes Magazin-Theme, Gutenberg Support, Demo	4.000+
	Ryu	für persönliche Blogs, automatische Anpassung Hintergrundfarbe	1.000+
	Scratchpad	A colorful theme for collecting your ideas	1.000+
	Scrawl	for long-form writing, with bold featured images	1.000+
	Sela	Dynamisch, klar und sauber mit viel Platz für große Bilder	20.000+
	Sequential	contemporary, clean, and multi-purpose business theme	900+
	Shoreditch	perfect for your business's online presence	5.000+
	Singl	minimalistisches Design, hauptsächlich für	1.000+

	Musiker entwickelt	
Sketch	Portfolio-Theme, mit Möglichkeit für ein eigenes Website-Logo	5.000+
TextBook	for colleges, schools and organizations focused on education	1.000+
Together	specially designed for marriage, engagement, wedding website	1.000+
Tonal	minimalistischen Stil, ändert sich je nach Hintergrundfarbe	1.000+
Toujours	für die Planung und das Teilen von Momenten deiner Hochzeit geeignet	2.000+
Wilson	theme for personal sites and blogs, Gutenberg Support, Demo	4.000+

Tabelle 4 Themes bei WordPess.com und bei WordPress.org

Warum wird diese Tabelle gezeigt?

Anwender, die später von WordPress.com wegen der größeren Gestaltungsmöglichkeiten zu WordPress.org wechseln wollen, brauchen sich dann kein neues Theme auszusuchen.

In der Regel sind die Themes bei WordPress.com besser dokumentiert als bei WordPress.org. Also auch für die Anwender, die an sich keine Berührungspunkte zu WordPress.com, kann sich bei diesen Themes daher ein Blick auf https://wordpress.com/themes lohnen. Sie erhalten dann wahrscheinlich weitere Informationen zu einem dieser 55 Themes.

Diese Argumente gelten natürlich auch für die Standard-Themes.

Kostenlose Themes nur bei WordPess.com

Das sind im Augenblick die folgenden 36 Themes.

Theme	Kurzbezeichnung
Apostrophe 2	magazine theme, make use of multiple sidebar and footer widget areas
Business	simple yet powerful theme for small-business owners and entrepreneurs
Button 2	featured images, soft color palette, is perfect for crafters and designers
Calm Business	fit for bed and breakfasts, time-share rooms, and brick and mortar stores
Canard	perfect for magazines, news sites, and blogs, highlights specific articles
Celsius	Hite backdrop for your writing, photography, or videography
Cerauno	user-friendly magazine theme with plenty of customizable features
Colinear	Primarily designed for magazine-style sites, supports six Widget areas
Cols	a novel theme that lets you tell your stories, style is simple, but strong.
Dyad 2	shows a Featured Content slider, up to 6 posts,
Edda	can be used as a photoblog, personal journal, or tumblelog
Editor	Geared toward personal bloggers and photo bloggers, tab-based sidebar
Eighties	one-column theme for your personal blog, large featured images
Elegant Business	fit for coffee shops, pop-up shops, and brick & mortar store fronts
Franklin	designed for bloggers, footer supporting up to three widget columns
Friendly Business	ideal for philosophy of sustainable farming, gardening, or animal care

Goran	multi-purpose theme, perfect solution for your business's online presence
Intergalactic 2	stunning option for your personal blog, slide-out menu
Libre 2	for your personal blog or longform writing, three footer widget areas
Modern Business	for stores offering high-end products/fashion and beauty industries
P2	traditional two-column blog theme with a twist
P2 Classic	transforms a mild-mannered blog into a super-blog
Penscratch 2	analytical essay, an anthology of poems, or a piece of long-form fiction
Photos	image-centric theme, to help you showcase your favorite snapshots
Plane	two-column blog theme, clean and modern design
Professional Business	especially good fit for accounting, law, and consultancy firms
Publication	blog and magazine theme, for sites about fashion, food, travel, or design
Quadra	tumblelog-style theme for your personal blog, colorful style
Saga	a theme tailor-made for writers, by a writer, photoblog, personal journal
Sapor	showcase your passion, whether it's cooking or gardening or healthy living
Satellite	blogging theme with beautiful typography, prominent featured images
Sidespied	portfolio theme, painter, sculptor, photographer, videomaker
Snaps	portfolio theme, to showcase portrait-oriented photographs, illustrations
Sobe	personal blogging theme, Choose one- or two-column layout by widgets

Sophisticated Business	to showcase your delicious food and special concoctions,
Syntax	perfect for writers who want a minimal design, fixed navigation menu

Tabelle 5Themes nur bei WordPress.com

Warum wird diese Tabelle gezeigt?

Anwender, die später von WordPress.com wegen der größeren Gestaltungsmöglichkeiten zu WordPress.org wechseln wollen, müssen sich in vielen Fällen ein neues Theme aussuchen.

Außerdem kann ich anhand dieser Tabelle darauf hinweisen, dass die Theme-Beschreibungen bei WordPress.com in der Regel in englischer Sprache sind. Eine Hürde für Sie?

Wie dem auch sei, bei WordPress.org gibt es mehr Theme-Beschreibungen in deutscher Sprache als bei WordPress.com. Außerdem wird bei WordPress.org öfter erwähnt, mit wieviel Spalten ein Theme zur Verfügung steht.

Die Theme-Beschreibungen von WordPress.com und von WordPress.org haben allerdings eines gemeinsam: Selten geht aus der Theme-Beschreibung hervor, warum ein Theme konkret für einen bestimmten Zweck besonders geeignet sein soll.

Hinweise für Theme-Entwickler

Bei den wenigen kostenlosen Themes, die bei WordPress.com gelistet sind, haben Sie im Vergleich zu WordPress.org kaum Konkurrenz. Auch wenn die Bandbreite der Themes für die geringe Anzahl von Themes groß ist, sind noch Lücken vorhanden, in die Sie als Entwickler hineinstoßen könnten. Bieten Sie bereits Ihr Theme bei WordPress.org bräuchten Sie noch nicht mal ein neues Theme zu kreieren. Auch Einzelkämpfer haben es geschafft, dass ihr Theme (zusätzlich) bei WordPress.com angeboten wird. Ich will hier keine Namen nennen, um weiterhin neutral zu bleiben.

Bei WordPress.com scheint für die Theme-Beschreibung mehr Platz als bei WordPress.org zur Verfügung zu stehen. Ein weiterer Vorteil!

Was die Komplexität eines Themes angeht, sollte man im Auge behalten, dass WordPress.com eher für WordPress-Einsteiger gedacht ist. Vielleicht ist das der Grund, warum ich bei WordPress.com kein Theme gefunden, dass mit einer nahtlosen Integration des WooCommerce-Plugins wirbt.

Extra-Theme für die Ankündigung des Blogs und Wartungsarbeiten

Ein Extra-Theme nur um bekannt zugeben, dass bald ein Blog ins Internet gestellt wird?

Da muss man aber schon sehr prominent sein, dass die Besucher darauf warten, dass (endlich) der Blog fertig ist und ins Internet gestellt wird. Bei mir ist das nicht der Fall. Bei Wartungsarbeiten würde ich ehe in dem von mir ausgesuchten Theme z. B das Plugin „Under Construction" verwenden.

Bei Verwendung des Suchbegiffes „Under Construction" findet man weitere Plugins mit den Stichwörtern „Coming Soon, Under Construction & Maintenance Page".

Da aber Wartungsarbeiten von mir auf dem Localhost erledigt werden – und da bin ich bestimmt nicht der Einzige – habe ich auch keinen Bedarf, um Wartungsarbeiten per Theme oder per Plugin anzukündigen.

Schlägt die Implementierung der neuesten Version im Webspace fehl – was bisher noch nicht der Fall war – bräuchte ich circa 15 Minuten, um ein funktionierendes Backup im Webspace zu platzieren. Gleiches gilt, wenn die Webpage oder der Blog von Hackern oder den Betreibern zerschossen wurde.

Mich hat es daher auch nicht überrascht, dass ich nur 1 Theme gefunden habe, dass auf Grund des Namens für diesen Zweck geeignet sein könnte.

Theme	Installationen	Kurzbeschreibung
The Launcher	1.000	Count down coming soon pages

Tabelle 6 Beispiel Coming soon Theme

Zudem sind mittlerweile solche „launch'" oder „coming soon" Webseiten bzw. Funktionen in komplexen Themes eingebunden.

Insgesamt also ein Thema von untergeordneter Bedeutung.

Parent-Themes und Child-Themes

Wenn man sich zu WordPress Themes äußert, sollte man der Vollständigkeit halber Parent-Themes und Child-Themes erwähnen. Der technische Unterbau ist das Parent-Theme (WordPress theme framework) UND das Design dazu ist das Child-Theme.

Benutzerspezifische Konfigurationen bzw. Theme-Anpassungen werden in dem Child-Theme vorgenommen. Gibt es dann ein Update für das Parent-Theme, bleiben diese Änderungen im Child-Theme erhalten. Bei einem Theme, für das es kein Child-Theme gibt, kann es passieren, dass die persönlichen Änderungen bei einem Update des Themes überschrieben werden.

Zu den meisten Parent-Themes gibt es nur 1 Child-Theme.

Aber es gibt auch Parent-Themes, für die mehr als 1 Child-Theme zur Verfügung stehen (siehe unten). Dadurch wird die Möglichkeit geschaffen, dass man zwischen verschiedenen Child-Themes hin- und herwechseln kann.

3 verschiedene Designs bei gleichem technischem Unterbau sind dann 3 verschiedene Child-Themes. Bei 3 verschiedenen Designs benutzt man aber 4 Themes.

Die verschiedenen Child-Themes können aber auch verschiedene Funktionen beinhalten. Es geht hier also nicht nur um verschiedene Layouts.

Das ist so ein bisschen wie die Plattformstrategie der Autobauer. Anklappbare Außenspiegel gibt es schließlich auch nicht bei jedem Modell, das auf der gleichen Plattform basiert.

Wer weitere Erklärungen von WordPress zu diesem Thema haben möchte, findet diese hier:

https://developer.wordpress.org/themes/advanced-topics/child-themes/

Die Anzahl der Treffer hat sich bei https://de.wordpress.org/themes/search/child/ in fast 2 Jahren deutlich erhöht.

- August 2017 – 170 Treffer
- Mai 2019 – 446 Treffer, davon circa 370 Child-Themes.

In der Regel findet man zu den Child-Themes weitere Informationen, wenn man bei der Theme-Beschreibung rechts auf den Link „Theme-Startseite" klickt.

Beispiele: Parent-Themes mit mehreren Child-Themes

Wie bereits erwähnt, haben die meisten Parent-Themes nur 1 Child-Theme. Doch es gibt auch einige Parent-Themes, die mehr als 1 Child-Theme haben. Hier 2 Beispiele.

12 Child-Themes zu einem Thema

Dieses Beispiel zeigt, dass es möglich ist, 12 Child-Themes zu einem Thema anzubieten.

Child Theme	Installationen	Parent-Theme	Kurzbeschreibung
MH NewsMagazine	3.000+	MH Magazine lite	für Politik, Wirtschaft, Weltnachrichten, Business-News
MH MusicMag	1.000+	MH Magazine lite	ideal for topics like heavy metal, grunge, punk etc.
MH RetroMag	1.000+	MH Magazine lite	for editorial retro magazines and vintage sites
MH HealthMag	4.000+	MH Magazine lite	or editorial websites with topics like health, fitness, body, food, beauty etc.
MH CampusMag	1.000+	MH Magazine lite	magazine WordPress theme for schools, colleges, universities etc.
MH UrbanMag	900+	MH Magazine lite	for topics like lifestyle, fashion, streetart, culture, traveling
MH TravelMag	1.000+	MH Magazine lite	with topics like traveling, sightseeing, city hopping etc.

MH FeminineMag	1.000+	MH Magazine lite	with topics like fashion, beauty, traveling, lifestyle etc.
MH SportsMagazine	2.000+	MH Magazine lite	for sports magazines, news portals for sports clubs
MH FoodMagazine	2.000+	MH Magazine lite	for yummy food magazines
MH Biosphere	1.000+	MH Magazine lite	with topics like biology, animals, climate change, environment etc.
MH TechMagazine	3.000+	MH Magazine lite	blogs about technology, science, gadgets

Tabelle 7 Zwölf Child-Themes von MH Magazine lite

Das sind also 12 Child-Themes zum Thema „News" bzw. "Magazin". Das Gegenteil davon ist in etwa eine Zeitung mit einem Politikteil, einem Wirtschaftsteil und einem Sportteil.

Das sind die Einzigen, die es geschafft haben, bei mehreren Child-Themes zu einem Thema fast immer mehr als 1.000 aktive Installationen zu haben. Und das obwohl es bei den Zweckbestimmungen teilweise zu Überlappungen kommt. Bei allen anderen, die mehrere Child-Themes zu dem gleichen Thema besteht die Gefahr, dass die ohnehin schon niedrigen Benutzerzahlen zersplittert werden.

9 Child-Themes zu einem Thema

Dieses Beispiel zeigt, dass es möglich ist, 9 Child-Themes zu einem Thema anzubieten.

Child Theme	Installationen	Parent-Theme	Kurzbeschreibung
Pep Brand	500+	Storefront	WordPress WooCommerce theme, focus firmly on your products
Merchant Online Store	100+	Storefront	for small WooCommerce stores or marketplaces
Hardware Store	100+	Storefront	Hardware Store is child theme of Store front theme.
Vender	400+	Storefront	It is intended for online stores and eCommerce sites.
ON SALE	400+	Storefront	clean and crisp child theme
RETAILER	700+	Storefront	ecommerce theme for online retailers
WOOT	500+	Storefront	eCommerce theme for running an online store
Deli	4.000+	Storefront	perfekt für Shops mit natürlich, organisch oder handgefertigte Waren
Boutique	10.000+	Storefront	for small WooCommerce stores / boutiques

Tabelle 8 Neun Child-Themes zu Storefront

Also 9 Child-Themes zum Thema „online store". Die Zahl der aktiven Installationen liegt ganz klar unter dem Magazin-Beispiel (siehe oben). Vielleicht liegt es daran, dass die Zweckbestimmungen der Child-Themes nicht klar voneinander abgrenzbar sind?

Mit dem Child-Themes von MaxStore wird ein ähnliches Konzept verfolgt. Dort sind die Installationszahlen für die Child-Themes noch niedriger.

Je öfter man das Design bei „online stores" ändert, umso größer ist die Gefahr, dass das zu Irritationen bei den Besuchern führt. Ist das noch der Online-Store, bei dem ich etwas kaufen wollte? Finde ich noch die Produkte an der vermuteten Stelle?

Hinweise für Child-Theme Entwickler

Child-Themes haben unstrittig einige Vorteile (siehe oben). Doch lohnt sich der zusätzliche Aufwand?

Hier ein Beispiel, bei dem fast jedes Child-Theme mehr als über 10.000 aktive Installationen hat.

Child Theme	Installationen	Parent-Theme	Kurzbeschreibung
Velux	20.000+	Primer	with a clean, professional, and upscale design
Ascension	20.000+	Primer	with a business-oriented design
Escapade	20.000+	Primer	with a unique sidebar navigation
Scribbles	10.000+	Primer	with a playful and fun mood
Turnkey Storefront	400+	Primer	online store oriented theme, work with the Reseller Store plugin
Mins	20.000+	Primer	with a minimal design
Stout	20.000+	Primer	with a masculine vibe
Activation	10.000+	Primer	with a colorful, fitness-focused design

Tabelle 9 Child Themes mit fast immer über 10.000 Installationen

Die hohen Installationszahlen sind erstaunlich, da die Theme-Beschreibung in fast allen Fällen nur aus einem dürren Satz besteht. Warum man nun eines dieser Child-Themes benutzen soll, bleibt somit auf den ersten Blick unklar.

Dieses Beispiel ist ein positiver Ausrutscher. Das Parent-Theme „Primer" ist das Parent-Theme mit Abstand höchsten Installationszahlen bei den Child-Themes. Danach kommt lange nichts mehr.

Von den circa 370 Child-Themes, die ich gefunden habe, haben 27 Child-Themes mehr als 2.000 aktive Installationen. Von diesen 27 Child-Themes habe ich Ihnen bereits 14 Child-Themes in diesem Kapitel kurz vorgestellt.

Wer es schafft, ein Child-Theme zu entwickeln, dass mehr als 2000 Mal installiert wird, hat schon einiges erreicht. Er befindet sich damit unter den ersten 8 % Prozent.

Child-Themes für die WordPress Standard-Themes

Wie die folgende Tabelle zeigt, schaffen es noch nicht mal die Child-Themes, die im Schlepptau der Standard-Themes entwickelt worden sind, eine Installationszahl von über 2.000 zu erreichen.

Child Theme	Installationen	Parent-Theme
Parole 2015	300+	Twenty Fifteen
Speculate	700+	Twenty Fifteen
Progeny MMXV	200+	Twenty Fifteen
Fourteenpress	1.000+	Twenty Fourteen
Cleanine	100+	Twenty Nineteen
Winter Solstice	900+	Twenty Seventeen
Delect	600+	Twenty Seventeen
Chandigarh	400+	Twenty Seventeen
Minimal 20/17	500+	Twenty Seventeen
Dansal	300+	Twenty Sixteen
Christmas Gift	200+	Twenty Sixteen
Transference	400+	Twenty Sixteen
20/16 VCReady	200+	Twenty Sixteen
Eins	700+	Twenty Thirteen
r2d2	300+	Twenty Thirteen
Kai 12	100+	Twenty Twelve

Tabelle 10 Child-Themes der WordPress Standard-Themes

Warum in diesem Buch fortan Child-Themes nicht mehr erwähnt werden

Um die Dinge möglichst einfach zu halten, konzentriert sich dieses Buch auf Themes ohne Child-Themes. Denn man müsste z. B. bei 3 Child-Themes, deren Unterschiede untersuchen. Das wäre ein ganz anderer Ansatz, wie er für dieses Buch gewählt worden ist.

Zudem wäre zu prüfen, ob die im Namen des Child-Themes angedeutete Spezialisierung sich in den Funktionen des Themes niederschlägt.

Beispiel:

Warum soll MH SportsMagazine nur für Sportmagazine brauchbar sein und die anderen 9 Child Themes von MH Magazine lite nicht?

Hinzu kommt, wer ändert ständig sein Theme? Die Meisten dürften froh sein, dass nach der Ersteinrichtung des Themes alles in Ordnung ist. Man will sich schließlich auf die Vermittlung von Content konzentrieren können. Zudem besteht ja auch noch die Möglichkeit, über Plugins Änderungen beim Layout und Funktionen herbeizuführen.

Die Kombination von Parent-Theme und Child-Theme verursacht in der Regel einen zusätzlichen Zeitaufwand. Denn Sie müssen dann ja 2 Themes auswählen und verstehen. Viele Child-Themes haben so kleine Installationszahlen, dass sich die Frage aufdrängt, ob die denn an allgemeine Änderungen bei WordPress (z. B. Gutenberg) auf die Dauer angepasst werden?

Da dieses Buch in erster Linie für diejenigen gedacht, die möglichst schnell 1 passendes Theme finden wollen und sich daher nicht mit einer Kombination von Parent-Theme und Child-Theme beschäftigen wollen, werden Child Themes im weiteren Verlauf dieses Buches nicht mehr berücksichtigt.

Bei 446 Treffern zum Stichwort „Child" kann e sich für jemand andern durchaus lohnen, ein Buch über Child-Themes und Frameworks zu schreiben. Auch wenn mindestens 2.000 aktive Installationen im Vergleich zu einem Theme ohne Child-Theme herzlich wenig sind.

Wie viele Spalten soll das Theme haben?

Stehen bei Ihnen die Bedürfnisse bzw. die Lesegewohnheiten der Besucher Ihres Blogs im Vordergrund, muss diese Frage umformuliert werden:

Wieviel Spalten wollen die Besucher Ihres Blogs haben?

Diese Frage lässt sich natürlich nicht pauschal beantworten, da Sie in der Regel nicht die Besucher Ihres Blogs kennen.

Warum stelle ich diese Frage so weit vorne im Buch? Weil in fast jeder Theme-Beschreibung die Anzahl der Spalten erwähnt ist. Folglich wird in fast jeder der noch kommenden Tabellen in diesem Buch, die mögliche Anzahl der Spalten zu einem Theme genannt.

Die Bestimmung der Anzahl der Spalten ist eine grundlegende Entscheidung

Schaut man sich bei https://de.wordpress.org/themes/

Layout

☐ Raster-Layout

☐ Eine Spalte

☐ Zwei Spalten

☐ Drei Spalten

☐ Vier Spalten

um, kann man sich zwischen 1, 2, 3 oder 4 Spalten entscheiden.

Die Entscheidung der Theme-Entwickler hinsichtlich der Anzahl der Spalten

Anfang Juni 2019 stellte sich das so dar:

Anzahl der Spalten	Anzahl der Themes
1	2.305
2	3.271
3	922
4	241

Tabelle 11 Anzahl Themes pro Anzahl Spalten

Die Anzahl aller Themes lässt sich nicht dadurch ermitteln, indem man die Werte in der Spalte „Anzahl der Themes" aufaddiert. Es gibt nämlich z. B. Themes, bei denen können Sie auswählen, ob Sie 1 oder 2 oder 3 oder 4 Spalten haben möchten. Diese Themes tauchen jeweils viermal in dieser kleinen Statistik auf. Auch wenn mir die Anzahl von Mehrfachnennungen unbekannt ist, ist die Verteilung der Themes eindeutig. Im August 2017 gab es übrigen nur circa 70 Themes mit 4 Spalten.

Falls Sie sich z. B. für ein vierspaltiges Theme entscheiden sollten, muss das nicht unbedingt bedeuten, dass Ihr gesamter Internetauftritt vierspaltig ist. Das kann sich bei manchen Themes auch auf einen bestimmten Bereich beschränken. Das ergibt durchaus Sinn, wenn jemand die 4 Spalten z. B. nur für eine Produktpräsentation nutzen möchte, ihm aber ansonsten 4 Spalten viel zu viel sind.

Anzahl der Spalten in der Papierwelt

Die weitaus meisten Themes werden für „2 Spalten" angeboten. Das hatte ich nicht erwartet, da die meisten Bücher in der Papierwelt nur einspaltig sind. Man liest von links nach rechts und geht dann zur nächsten Zeile über. Ob Bücher mit Randnummern wie z. B. bei juristischen Kommentaren üblich, als zweispaltig anzusehen sind, weiß ich nicht.

Die Bibel ist allerdings zweispaltig.

Zeitschriften und Zeitungen sind in der Regel mehrspaltig.

Setzt man die Filter „4 Spalten" und „Nachrichten", erhält man übrigens nur 41 Treffer bei 851 Nachrichten-Themes.

Laut Medialexikon gibt es sogar Zeitungen mit 6 Spalten für den redaktionellen Text und mit 8 Spalten für den Anzeigenbereich-

- http://www.die-zeitungen.de/media/faq/media-lexikon.html#c603

Die Auswahlsuche bei https://de.wordpress.org/themes/ hat eine Begrenzung auf 4 Spalten. Ich vermute aus Gründen des Angebotes und der damit verbundenen Lesbarkeit. Technische Restriktionen kann ich mir hier nicht vorstellen. Denn wenn die Papierwelt 8 Spalten schafft, dann müsste wohl auch die elektronische Welt mehr als 4 Spalten hinbekommen?

Zahl der Zeichen/Anschläge pro Spalte in der Papierwelt

Laut Wikipedia lassen sich Zeilen mit 30 bis 40 Zeichen ohne sonderliche Augenbewegung erfassen.

- https://de.wikipedia.org/wiki/Spaltensatz

Ein klares Argument für Mehrspaltigkeit.

Als optimal gilt im Allgemeinen eine Zeilenlänge von 50–80 Anschlägen, wobei bei der folgenden Quelle auch auf Websites Bezug genommen wird. Zeitungen, Magazine und Illustrierte haben sich schon vor langer Zeit für den Einsatz von Spalten entschieden. Hier reduziert sich in aller Regel die Zeilenlänge auf ca. 40–50 Zeichen, was aber wegen dieser Kürze schon merklich die Ruhe die Ruhe aus dem Lesevorgang nehmen soll.

- http://webtypobuch.de/lesen/Kapitel-3/Kapitel-3-8

Auch http://people.uta.fi/~trjusc/tt-lesbk.htm kommt zu ähnlichen Ergebnissen bei der Zeilenlänge und damit indirekt bei der Anzahl der Spalten.

„Für „lineares Lesen" (schöngeistige Literatur) beträgt sie 60–70 Zeichen (Wortabstände eingeschlossen), für „informierendes Lesen" 40–50 Zeichen und für „differenzierendes Lesen" bis zu 80 Zeichen (vgl. Willberg/Forssman 1997)."

Natürlich kann man dem entgegnen, dass bei Browsern und auch bei E-Book-Readern die Leserin oder der Leser durch seine eigenen Einstellungen, die Art und Weise des Lesens zu einem gewissen Grad selber steuern kann. Ich halte diese Experten-Empfehlungen dennoch für beachtenswert. Zudem sollte der Inhalt so aufbereitet sein, dass möglichst viele Leser, statt ihre individuellen Einstellungen ändern zu müssen, sofort mit den Standardeinstellungen auf den Lesestoff zugreifen können. Dabei spielt natürlich auch die Schriftgröße eine Rolle.

Als Standardschriftgröße hat sich wohl 12pt durchgesetzt, wobei diese Empfehlung auch teilweise von der Schriftart abhängig gemacht wird.

https://www.wissenschaftliches-arbeiten.org/hausarbeit/layout/schriftarten-und-schriftgroessen.html

http://www.besserbewerben.de/bewerbungstipps/bewerbung-schreiben-schriftart-schriftgroesse

Die mögliche Anzahl der Spalten bei einem Theme

Viele Themes bieten Ihnen eine Auswahl bei der Anzahl der Spalten an. Steht z. B. in einer der Tabellen „(2, 3)", bedeutet dies, dass dieses Theme zweispaltig oder dreispaltig eingerichtet werden kann.

Ein Theme mit (2, 3) ist dann sowohl bei dem Filter „2 Spalten" als auch bei dem Filter „3 Spalten" zu finden.

Die angegebene Anzahl der Spalten ist nicht immer eindeutig. Z. B. bei dem Theme „Twenty Seventeen" finden Sie im Dashboard bei Benutzung der Menüfolge "**Design–Themes–Customizer-Theme Optionen**" diese Einstellung.

Seitenlayout

Wenn das Zwei-Spalten-Layout gewählt wird, erscheint der Seitentitel in einer Spalte und der Inhalt in der anderen.

◯ Eine Spalte

⬤ Zwei Spalten

Ich weiß nicht, wie es Ihnen geht, aber mich ist das keine echte Zweispaltigkeit, da ich bei Zweispaltigkeit in beiden Spalten Fließtext erwarte. Sonst könnte man auch sagen, dass die dritte Spalte bei „Twenty Seventeen" die Seitenleiste (Sidebar) ist.

In allen Fällen ist es sicher vorteilhaft, wenn die Option besteht, die Spaltenbreite einzustellen. Sie es nun im Theme oder im Plugin (siehe unten). Wie oben bereits erwähnt, sollten in eine Spalte in der Regel 50 bis 80 Anschläge reinpassen.

Nachträgliche Änderung der Anzahl der Spalten

Möchten Sie erstmal möglichst viele Spalten haben und sich aber die Option offenhalten, später die Anzahl der Spalten zu reduzieren, dann nehmen Sie ein Theme, das „abrüstbar" ist.

Um beim Beispiel zu bleiben: Sie starten bei (2, 3) erstmal mit 3 Spalten und reduzieren, dann später auf 2 Spalten und müssen deswegen nicht das Theme wechseln.

Haben Sie sich für eine bestimmte Anzahl von Spalten entschieden, können Sie ggf. diese Entscheidung später z. B. mit einem Plugin noch korrigieren.

Das Plugin „Advanced WP Columns" wird leider nicht mehr weiterentwickelt, so zumindest der Stand im Juni 2019. Gefunden habe ich stattdessen die Plugins „Admin Columns" und „Genesis Columns Advanced", die ich beide nicht ausprobiert habe.

Beispiel: Das von Ihnen ausgewählte Theme bietet maximal 2 Spalten an. Das würde ich schon vor der endgültigen Entscheidung für dieses Theme testen, ob sich mit einem Plugin „Advanced WP Columns" die Anzahl der Spalten später auf z. B. 3 Spalten hochschrauben lässt.

Dieser Test ist ein weiterer Grund, die WordPress-Webpage auf dem PC (Localhost) als Testsystem zur Verfügung zu haben. Nachdem der Test beendet ist und/oder andere Änderungen (z. B neuer Content) vollzogen sind, können Sie dann z. B. mit dem Plugin „Duplicator" Ihre WordPress-Webpage in den Webspace zu transportieren.

Selbstverständlich können Sie, statt ein Plugin zu benutzen, auch das Theme wechseln, um Ihre Entscheidung über die Anzahl der Spalten nachträglich zu korrigieren.

Es lässt sich nicht pauschal beantworten, welcher Ansatz weniger aufwendig ist. Was man aber sagen kann, dass ein Theme-Wechsel nicht immer trivial ist (siehe Kapitel „Wechsel des Themes - Sicherheitsvorkehrungen und Tests").

Keine Lösung wäre für mich, dass der Benutzer bei einem Theme mit Seitenleiste nach rechts oder links zur Seitenleiste scrollen muss. Das halte ich für den Besucher für unzumutbar. Dann lieber weniger Spalten.

Was bei einer nachträglichen Veränderung der Anzahl der Spalten mit schon geschriebenen Texten passiert, wäre vorab zu prüfen. Entweder man prüft es selber oder sucht nach einem passenden Beitrag im Internet oder stellt die Frage in einem Forum.

Ferner stellt sich die Frage, was für ein Fall das sein soll, wenn man nachträglich von z. B. 4 Spalten auf 3 Spalten wechselt.

Wenn statt bisher 8 Produktgruppen oder 8 Dienstleistungen nur 6 Produktgruppen oder nur 6 Dienstleistungen angeboten werden? Damit nach wie vor diese Präsentation in 2 Zeilen reinpasst.

Ein bisschen weit hergeholt, dieses Beispiel.

Themen für WordPress-Themes

In den folgenden Kapiteln und damit in den folgenden Tabellen wird die Anzahl der Spalten mit den Themen für WordPress-Themes verknüpft.

Bei https://de.wordpress.org/themes/ gibt es folgende Themen:

- Blog
- E-Commerce
- Bildung
- Unterhaltung
- Essen & Trinken
- Feiertage
- Nachrichten
- Fotografie
- Portfolio

Da gibt es Themes, die fast bei allen Themen zu finden sind. Das sind Multipurpose-Themes und Themes, die für dies und jenes geeignet sind (can be used for any type of website).

Aber es gibt auch Themes, die sich klar zu einer Branche oder zu einem Thema bekennen, aber trotzdem bei einem sachfremden Thema platziert worden sind.

Beispiel: Suchen Sie doch mal nach dem Stichwort „Food". Ich hatte 365 Treffer. Und wieviel davon haben primär mit „Food" zu tun?

Bei dem Stichwort „Travel" werden einem 526 Themes angeboten. Die wenigsten davon haben einen eindeutigen Bezug zu diesem Thema.

Der Grund dafür ist einfach und daher nachvollziehbar: Je öfter ein Theme platziert wird, umso größer ist die Chance, dass es (zufällig) gefunden wird.

Ein Theme was man nicht kennt, kann man nicht installieren.

Eigentlich sollte man nur Themes berücksichtigen, die nur bei Themen zu finden sind, zu denen sie sich auch bekennen.

Diesen Ansatz hatte ich im August 2017 erstmal verfolgt, das ist aber bei mehreren Tausend Themes mit einem angemessenen Arbeitsaufwand nicht durchführbar.

Praktikabler ist es, die Themes zu vernachlässigen, die sich zu keinem Thema bekennen und sinngemäß das Theme so beschreiben: Das Theme kann dies und jenes…, can be used for any type of website…

Und über die Köpfe der Entwickler hinweg, will ich diese Themes nicht als „multipurpose" klassifizieren. Das sollte den Entwicklern dieser Themes vorbehalten bleiben.

Zugegeben, auch solche Themes können dennoch eine hohe Anzahl von Installationen haben. Aber bei der Konzeption dieses Buches können solche Themes nicht systematisch sauber zugeordnet werden.

Themes, die klar erkennbar nicht zu dem Thema gehören, bei dem sie platziert worden sind, bleiben bei dem jeweiligen Thema in diesem Buch außen vor.

Den Betreibern von https://de.wordpress.org/themes/ kann kein Vorwurf gemacht werden. Es kann von denen nicht verlangt werden, bei jedem

Theme zu kontrollieren, ob es richtig zugeordnet worden ist. Bei manchen Themes kann man auf Grund der Beschreibung noch nicht mal erkennen, zu welchem Thema es zugeordnet werden könnte.

Oder es gibt Themes, die haben eine klare Zielgruppe vor Augen, denen wird aber keine Zuordnungsmöglichkeit angeboten.

Z. B. Themes für Rechtsanwälte – zu welchem Thema gehört das?

Z. B. Themes für Hotels – Thema Feiertage oder besser Thema Essen & Trinken?

Was aber vielleicht für die Betreiber von https://de.wordpress.org/themes/ zumutbar wäre, dass man neben Layout, Funktionen und Themen noch eine vierte Spalte für Branchen einführt.

Falls man das machen sollte, wird es natürlich nach wie vor, Falschplatzierungen von Themes geben. Aber ich habe die berechtigte Hoffnung, dass sich dadurch die Anzahl der Falschplatzierungen verringern könnte. Auf jeden Fall würde dadurch insgesamt die Transparenz erhöht.

Optimal wäre es, wenn in jeder Theme-Beschreibung stehen würde, warum das Theme für eine bestimmte Brache besonders geeignet sein soll.

Beispiel:

Statt nur allgemein zu schreiben: "Ein perfektes Theme für Restaurants und Cafés.", verweist man auf z. B. auf Folgendes:

Mit diesem Theme können ganz einfach Speisekarten erstellt werden. Ferner sind mit diesem Theme Online-Platzreservierungen möglich.

Die besondere Eignung für eine bestimmte Branche kann also ganz einfach dargelegt werden.

Hier einige Beispiele für Branchen:

- Bakery, baker
- Travel
- Restaurant
- Consulting, Consult
- Wedding

Ich beginne mit dem Thema Nachrichten bzw. Zeitungen, Zeitschriften und Magazine.

Zeitungs- und Zeitschriften-Themes

Wenn Sie ein mehrspaltiges Theme bevorzugen, liegt es nahe, sich den Zeitungs- und Zeitschriften-Themes zu nähern. Im Englischen spricht man hier von newspaper themes oder vom magazin style.

Designs von Zeitungen und Magazinen

Typisch für Zeitungen ist der Zeitungskopf, der eine Zeitung von anderen Drucksachen unterscheiden soll. Den findet man in der Regel an der Spitze der Titelseite und enthält Angaben wie Titel, Datum, Jahrgang, Ausgabe, Herausgeber etc.

Wegen des Wiedererkennungseffektes wird der Zeitungskopf selten geändert.

Bei Zeitschriften (Magazinen) und Zeitungen gibt es die Titelseite, die oft ein Titelbild beinhaltet und auf mehrere Artikel verweist. Somit kann man vor dem Kauf auf einen Blick sehen, ob die Zeitschrift oder die Zeitung einen oder mehrere Artikel enthält, die einen interessieren.

Zeitungen haben zudem in der Regel einen Leitartikel.

Dabei kann noch erwähnt werden, dass Zeitschriften in der Regel bunter sind als Zeitungen. Insbesondere dann, wenn eine Zeitschrift als Illustrierte bezeichnet wird. Eine Zeitung hat in der Regel schwarze Schrift auf weißem Hintergrund und weniger Bilder als eine Zeitschrift (Ausnahme: Boulevardzeitungen).

Ferner sind Zeitungen und Zeitschriften (Magazine) – im Gegensatz zu Büchern – in der Regel mehrspaltig. Meine Tageszeitung hat z. B. 4 Spalten.

Eine weitere Besonderheit von Zeitungen und Magazinen ist, dass diese Flächen für Anzeigen bieten. Das dürfte für alle interessant sein, die auf diese Art und Weise mit Ihrem Blog Geld verdienen wollen.

In der Papierwelt ist es durchaus üblich, dass bereits auf der linken und rechten Seite des Zeitungskopfes Anzeigen geschaltet werden.

Zeitungen sind in der Regel tagesaktueller als Zeitschriften. Möchten Sie denn mehr oder weniger jeden Tag Beiträge schreiben? Das Problem verschärft sich noch, wenn Sie ein Theme mit Newsticker nehmen. Dann ist noch mehr Aktualität gefragt.

Es besteht natürlich auch die Möglichkeit, dass Sie ein newspaper theme auswählen (weil es Ihnen vom Design gefällt) und auf der Startseite darauf hinweisen, dass hier nicht tagesaktuell, sondern eher in unregelmäßigen Abständen berichtet wird.

Damit ist nun nicht garantiert, dass alle newspaper Themes und Themes im magazine style so aufgebaut sind und auch die oben genannten Abgrenzungen einhalten.

Dennoch stellt sich die Frage: Möchten Sie, dass Ihr Theme so aufgebaut ist?

Im Folgenden wird nicht zwischen Zeitungs-Themes und Zeitschriften-Themes differenziert. Zumal viele dieser Themes von sich behaupten, dass

Sie für beides geeignet sind. Etwas unsauber wird jetzt in der Regel mit dem Begriff „magazine" oder „Magazin" weitergearbeitet

Nicht berichtet wird über Themes, die neben vielen anderen Zwecken auch noch für Magazine geeignet seien.

Themes für Magazine mit maximal 4 Spalten

Betrachtet werden hier nur Themes, die ausschließlich für Magazine gedacht sind. Also keine Themes, die noch für E-Commerce gedacht sind oder die multipurpose sind und auch noch „Magazin" sind.

Das sind diese beiden Themes.

Theme	Installatio.	Spalten	Kurzbeschreibung	Demo	Support
Rubine Lite	über 1.000	(2,3,4)	simples Magazine Theme		
Magbook	über 5.000	(4)	exclusively built for news, newspaper, magazine	x	x

Tabelle 12 Magazin Themes mit maximal 4 Spalten

Das Theme **Rubin Lite** gab es schon im August 2017 mit über 1.000 Installationen. Shooting Star ist also das Theme **Magbook**.

Tja, das war es dann bei diesem Kapitel. Wenn man unterstellt, dass die Nachfrage das Angebot bestimmt, dann scheint ein 4-spaltiges Magazin auf dem Browser oder gar auf dem Bildschirm des Handys nicht jedermanns Sache zu sein. Meine Papiertageszeitung, eine der bekanntesten in Deutschland, ist übrigens 4-spaltig.

Themes für Magazine mit maximal 3 Spalten

Betrachtet werden hier nur Themes, die ausschließlich für Magazine gedacht sind. Also keine Themes, die noch für E-Commerce gedacht sind oder die multipurpose sind und auch noch „Magazin" sind.

Wenn Sie wollen, können Sie sich es bequem machen und das ehemalige Standard-Theme „Twenty Fourteen" benutzen. Es hat über 200.000 aktive Installationen und bezeichnet sich als adaptive Magazin-Website. Im August 2017 hatte dieses Theme noch über 400.000 aktive Installationen.

Demo: https://twentyfourteendemo.wordpress.com/

Davon abgesehen, sind diese beiden Themes aufgefallen.

Theme	Installationen	Spalten	Kurzbeschreibung
Poseidon	über 40.000	(1,2,3)	News-Portal, mit widget-basierter Magazin Startseite
Wellington	über 10.000	(1,2,3)	einfaches Magazin WordPress Theme

Tabelle 13 Magazin Themes mit maximal 3 Spalten

Das Theme **Poseidon** gab es übrigens schon im August 2017 mit über 30.000 aktiven Installationen.

Themes für Magazine mit maximal 2 Spalten

Betrachtet werden hier nur Themes, die ausschließlich für Magazine gedacht sind. Also keine Themes, die noch für E-Commerce gedacht sind oder die multipurpose sind und auch noch „Magazin" sind.

Wenn Sie wollen, können Sie sich es bequem machen und das ehemalige Standard-Theme „Twenty Fourteen" benutzen. Es hat über 200.000 aktive Installationen und bezeichnet sich als adaptive Magazin-Website. Im August 2017 hatte dieses Theme noch über 400.000 aktive Installationen

Demo: https://twentyfourteendemo.wordpress.com/

Davon abgesehen, sind diese beiden 3 Themes aufgefallen.

Theme	Installation.	Spalten	Kurzbeschreibung	Demo	Supp.
ColorMag	über 100.000	(1,2)	WordPress-Theme im Magazin-Style	x	x
MH Magazine lite	über 40.000	(1,2)	für moderne Online-Magazine, dynamische Nachrichtenportale		

Tabelle 14 Magazin Themes mit maximal 2 Spalten

Zu dem Theme **MH Magazine lite** gibt es übrigens 12 Child-Themes (siehe das Kapitel „12 Child-Themes zu einem Thema").

Themes für Magazine mit maximal einer Spalte

Betrachtet werden hier nur Themes, die ausschließlich für Magazine gedacht sind. Also keine Themes, die noch für E-Commerce gedacht sind oder die multipurpose sind und auch noch „Magazin" sind.

Ich habe nur 2 Themes gefundenen, die eine sehr geringe Anzahl von Installationen. Dabei bin ich bei der Zweckbestimmung bei dem Theme **Newzer** noch einen kleinen Kompromiss eingegangen.

Theme	Installationen	Spalten	Kurzbeschreibung
Newzer	über 300	[1]	Newzer is Clean Magazine, News Or Blog Theme
Online News	über 300	[1]	WordPress Magazine Theme

Tabelle 15 Magazin Themes mit maximal einer Spalte

Kennen Sie aus der Papierwelt eine Zeitung oder eine Zeitschrift mit nur einer Spalte? Also ich nicht. Das ist meines Erachtens der Grund für die wenigen Installationen.

Hinweise für Theme-Entwickler

Ein Magazin-Theme entwickeln, das nur 1 Spalte anbietet? Vielleicht ist die Nachfrage doch größer als vermutet? Damit das Theme leicht erkennbar ist, könnte man es „One Column Magazine" nennen. Die Theme-Namen sind leider ja in vielen Fällen nicht sprechend. In dieses Theme könnte man dann noch einen Newsticker einbauen.

Themes mit Newsticker

Von einem Magazine Theme zu einem Theme mit Newsticker ist es gedanklich nicht weit. Doch wie Sie gleichsehen werden, definieren sich nicht alle Themes mit Newsticker als Magazine Theme.

Im Juni 2019 hatte ich unter dem Stichwort „news ticker" 19 Themes gefunden. 10 Themes sind ausgeschieden, weil der Newsticker nur in der kostenpflichtigen Pro-Version enthalten war.

Theme	Installationen	Spalten	Kurzbeschreibung
Accesspress Mag	über 5.000	(1,2,3)	for newspaper, editorial, online magazine etc.
Rock Star	über 4.000	(1,2,3)	built for artists, musician and bands, promote events
EasyMag	über 3.000	(1,2,3)	Theme für Magazine oder die Präsentation von Nachrichten
Viral	über 2.000	[2]	for magazine, newspaper, news portals, publishing etc.
Clean Magazine	über 700	(1,2,3)	for Magazine and Blog Websites
Catch Mag	über 600	(1, 2)	multipurpose magazine WordPress theme
BoxWP	über 500	[2]	grid theme for WordPress to showcase your content
Devotepress	über 200	(1, 2)	multipurpose magazine and blog WordPress theme

Tabelle 16 Themes mit Newsticker

Alle diese Themes haben eine Demo. Für viele dieser Themes gibt es sogar Dokumentationen und Support.

Theme	Demo	Doku	Support
Accesspress Mag	x		x
Rock Star	x	x	x
EasyMag	x		
Viral	x		
Clean Magazine	x	x	x
Catch Mag	x		
BoxWP	x		
Devotepress	x	x	

Tabelle 17 Hilfen für Newsticker-Themes

Ferner gibt e noch das Theme **EightStore Lite mit** über 2.000 aktiven Installationen, dass einen Promo Ticker hat. Zu diesem Theme gibt es eine Demo. Ferner wird für dieses Theme Support angeboten.

Themes mit breaking news options

Von einem Magazine Theme zu einem Theme mit breaking news options ist es gedanklich nicht weit. Wobei natürlich ein Newsticker (siehe oben) auch ein Werkzeug für Breaking News ist. Ich habe hier nicht im Einzelnen untersucht, was die breaking news options konkret bedeuten.

Im Juni 2019 hatte ich diese 10 Themes gefunden, die hervorheben, dass sie für Breaking News geeignet sind.

Theme	Installationen	Spalten	Kurzbeschreibung
SuperMag	über 7.000	(1, 2)	breaking news options
Cream Magazine	über 3.000	(1, 2)	publish a breaking daily news
SuperNews	über 3.000	(1,2,3,4)	for News, Magazine, breaking news options
News Magazine	über 1.000	(1,2,3)	large slider for the breaking/current news
Best Magazine	über 700	(1,2,3)	large slider for the breaking/current news
Drizzle Mag	über 600	(1,2,3)	news, blog, and magazine, breaking news options
Magzimum	über 400	(1,2,3)	Magazine, Blog and News sites,

			breaking news,
ElanzaLite	über 300	[2]	for Magazine, Newspaper, breaking news slider
Magazina	über 200	[2]	for Magazine, Newspaper, breaking news slider
CPMmagz	über 200	[2]	magazine, for blogger & Media House, breaking news

Tabelle 18 Themes für Breaking News

Auch für die Themes mit Breaking News werden viele Hilfen angeboten.

Theme	Demo	Doku	Support
SuperMag	x		
Cream Magazine		x	
SuperNews	x	x	x
News Magazine	x		
Best Magazine	x		
Drizzle Mag			
Magzimum			
ElanzaLite		x	x
Magazina			
CPMmagz	x		x

Tabelle 19 Themes mit Breaking News

Fotoblogs

Zeitschriften können schon sehr fotolastig sei. Ich erinnere mich an Themes, da musste man wegen der großen Fotos schon beim dritten Zeitschriftenartikel nach unten scrollen, damit man überhaupt sehen konnte, um was es da inhaltlich geht.

Die Grenzen können fließend sein und daher sind Fälle denkbar, in denen nicht das Theme entscheidet, ob ein Magazinblog oder ein Fotoblog vorliegt.

Auch gibt es eine große Nähe zu Travelblogs.

Ein einfaches Beispiel für einen Fotoblog ist, wenn jemand von seiner Urlaubsreise Bilder mit einer Beschreibung in das Internet stellt und zu den einzelnen Bildern Kommentare zulässt.

Eine leicht verständliche Definition von einem Fotoblog finden Sie bei:

- https://www.pixelino.net/was-ist-ein-fotoblog/

Beispiele für Fotoblogs finden Sie hier:

- https://bindit.de/die-50-besten-fotografie-blogs/

Da wo Fotos so stark dominieren, stellt sich die Frage, ob die Tatsache an Bedeutung verliert, dass ein Theme nur in englischer Sprache zur Verfügung steht und nicht in die deutsche Sprache übersetzt worden ist?

Zumal Beiträge und Kommentare in deutscher Sprache verfasst werden können. Und das Dashboard immer in der deutschen Sprache verfügbar ist.

Themes für Fotografie mit maximal 4 Spalten

Betrachtet werden hier nur Themes, die ausschließlich für Fotografie gedacht sind. Also keine Themes, die noch für E-Commerce gedacht sind oder die multipurpose sind oder die ein Magazin sind oder die ein Portfolio Theme sind und auch noch „Foto" sind.

Theme	Installatio.	Spalten	Kurzbeschr.	Demo	Support
Pixgraphy	über 4.000	[4]	Photography WordPress Theme		

| Infinite Photography | über 1.000 | [2,3,4] | for photo blogging, photo sharing | x | x |
| Stacker Lite | über 1.000 | [1,2,3,4] | Grid-basiertes Theme, fürFotos und Bilder | | |

Tabelle 20 Themes für Fotografie mit maximal 4 Spalten

Das Theme **Infinite Photography** hatte übrigens schon im August 2017 über 1000 aktive Installationen. Dagegen hatte das Theme **Pixgraphy** im August 2017 nur über 3000 aktive Installationen.

Themes für Fotografie mit maximal 3 Spalten

Betrachtet werden hier nur Themes, die ausschließlich für Fotografie gedacht sind. Also keine Themes, die noch für E-Commerce gedacht sind oder die multipurpose sind oder die ein Magazin sind.

Theme	Installationen	Spalten	Kurzbeschreibung
Hitchcock	über 10.000	[3]	minimal portfolio theme for designers, photographers and other creative.
Rife Free	über 8.000	(2, 3)	WordPress-Theme für Portfolios sowie Fotografie
Vertex	über 8.000	(2, 3)	Theme mostly for portfolio websites or photography and blog sites
Silvia	über 3.000	(1,2,3)	light, bright and beautiful photography WordPress theme

Tabelle 21 Themes für Fotografie mit maximal 3 Spalten

Bis auf das Theme **Vertex** weisen alle Themes auf eine Demo hin.

Die Themes **Hitchcock** und **Silvia** hatten im August 2017 bereits die hier genannte Anzahl von Installationen.

Themes für Fotografie mit maximal 2 Spalten

Betrachtet werden hier nur Themes, die ausschließlich für Fotografie gedacht sind. Also keine Themes, die noch für E-Commerce gedacht sind oder die multipurpose sind oder die ein Magazin sind oder die ein Portfolio Theme sind und auch noch „Foto" sind.

Theme	Installationen	Spalten	Kurzbeschreibung
Fotografie	über 8.000	(1, 2)	a modern Photography WordPress Theme
Catch Kathmandu	über 4.000	(1, 2)	is widely been used by Photographers
Photo Perfect	über 3.000	(1, 2)	for professional photographer, photo bloggers

Tabelle 22 Themes für Fotografie mit maximal 2 Spalten

Im August 2017 hatte das Theme **Photo Perfect** noch über 5.000 aktive Installationen.

Für diese Themes werden folgende Hilfen angeboten.

Theme	Demo	Support	Doku
Fotografie		x	x
Catch Kathmandu	x	x	x
Photo Perfect	x	x	

Tabelle 23 Hilfen für Themes für Fotografie mit maximal 2 Spalten

Themes für Fotografie mit maximal einer Spalte

Betrachtet werden hier nur Themes, die ausschließlich für Fotografie gedacht sind. Also keine Themes, die noch für E-Commerce gedacht sind oder die multipurpose sind oder die ein Magazin sind oder die ein Portfolio Theme sind und auch noch „Foto" sind.

Bei nur einer Spalte ist viel Platz für große Fotos. Bei einem großen Foto sollten die Details interessant sein oder das Foto sollte abwechslungsreich sein.

Ferner sollten die Fotos so gut sein, dass der Besucher gerne deswegen scrollt oder für den besseren Überblick die Browsereinstellungen ändert.

Theme	Installationen	Spalten	Kurzbeschreibung
Pictorico	über 3.000	[1]	perfect for a photoblogging or travel site
Nikko Portfolio	über 2.000	[1]	Created for artists and creatives,
Photozoom	über 1.000	[1]	for photographers, painters and other artists

Tabelle 24 Themes für Fotografie mit maximal einer Spalte

Themes mit Karussell

Karussells eignen sich insbesondere für die Präsentation von Fotos.

Theme	Installationen	Spalten	Kurzbeschreibung
Total	über 60.000	[2]	carousel slider, Theme für dies und jenes geignet
Enigma	über 20.000	(2,3,4)	awesome BOOTSTRAP Carousel slider
Arcade Basic	über 10.000	(1, 2)	um deine Galerien gekachelt oder als jQuery-Carousel darzustellen

Oria	über 10.000	?	eingebautes Karusell für besondere Beiträge
i-excel	über 8.000	(1, 2)	with portfolio/blog carousels
i-craft	über 6.000	(1, 2)	product carousels
eCommerce Gem	über 5.000	(1, 2)	product carousel
Enlighten	über 4.000	?	carousel portfolio, education WordPress theme
Lucienne	über 4.000	[2]	post carousel, for blogs and online shops
Alpha Store	über 4.000	(1,2,3)	full width flexslider carousel with custom products
Destin Basic	über 4.000	(1,2,3)	jQuery carousel

Tabelle 25 Themes mit Karussell

Für einige dieser Themes werden folgende Hilfen angeboten.

Theme	Demo	Support
Total	x	
Oria	x	
eCommerce Gem	x	
Enlighten	x	
Alpha Store	x	x

Tabelle 26 Hilfen für Themes mit Karussell

Hinweise für Theme-Entwickler

50 Themes geben an, dass Sie über ein Karussell verfügen. Bei mehreren 1000 Themes ist das recht wenig.

Von den 50 Themes haben 12 Stück mindestens über 4000 Installationen. Das sind für so eine kleine Gruppe viele Themes (circa 24 %).

So gesehen, müsste es sich lohnen, in sein Theme ein Karussell einzubauen.

Schwierige Abgrenzung zwischen Foto-Themes und Portfolio-Themes

Der eine oder andere kennt vielleicht den Begriff „Portfolio" aus dem Bereich der Geldanlage. Themes sind natürlich keine Wertpapiere, obwohl Themes sicher einen hohen Nutzungswert haben können.

Versuch der Begriffserklärung für ein WordPress- Portfolio

Beispiel: Ein Fotograf packt alle seine Bilder in ein Portfolio. Das Portfolio kann für Gruppierungszwecke eigene Kategorien und Tags haben. Auf jeden Fall sind Portfolio und Kategorie nicht dasselbe. Ziel ist es, eine Übersichtsseite für die Fotos zu haben. Zu jedem Foto soll es eine Seite geben, die man mit weiteren Informationen zu dem Foto füllen kann. Das ist dann eine Darstellung oder ein Informationsblock, der von den Beiträgen und Seiten der Webpage getrennt ist. Die Portfolios werden dann zusätzlich zu Seiten und Beiträgen vom Theme zur Verfügung gestellt.

Natürlich können mittels eines Portfolios nicht nur Fotos, sondern auch Produkte, Projekte oder Dienstleistungen in einer Übersicht dargestellt werden.

Das bedeutet aber nicht, dass jedes Portfolio-Theme so funktioniert. Vielleicht ist das der Grund, warum ich keine allgemeingültige Definition für ein WordPress-Portfolio gefunden habe. Aber eine Grundidee zu einem Portfolio-Theme möchte ich an dieser Stelle dennoch weitergeben.

Natürlich, gibt es zahlreiche Plugins, mit deren Hilfe man Portfolios erstellen kann. Z. B. die Plugins „Portfolio Post Type" oder „Gallery – Flagallery Photo Portfolio", die ich beide nicht ausprobiert habe.

Foto- und Portfolio-Themes

An den folgenden Beispielen können Sie sehen, wie schwierig eine Abgrenzung zwischen Foto-Themes und Portfolio-Themes ist.

Theme	Installationen	Spalten	Kurzbeschreibung
Rife Free	über 8.000	(2, 3)	WordPress-Theme für Portfolios sowie Fotografie
Coral Dark	über 4.000	(1, 2)	suitable e.g. for a portfolio gallery site or a photo blog
Fifteen	über 3.000	(1, 2)	is the Photography or Portfolio based WordPress theme
Fotography	über 2.000	(1, 2)	Theme für Fotografen und Künstler, die ihr schönes Portfolio ausstellen möchten
Portfolio Lite	über 2000	(1, 2)	portfolio theme for artists, designers, photographers

Tabelle 27 Foto- und Portfolio-Themes

Das Theme **Coral Dark** verweist auf eine Demo. Das Theme **Portfolio Lite** bietet eine Dokumentation an.

Die oben gelisteten Themes werden wegen Ihrer Zwitterstellung in den Kapiteln über Foto-Themes und in den Kapiteln über Portfolio-Themes nicht erwähnt.

Portfolio-Themes mit maximal 4 Spalten

Ausgesucht wurden in erster Linie Themes, die sich als Portfolio-Themes bezeichnen. An dieser Stelle kann ich auf diese beiden Kapitel verweisen.

- Schwierige Abgrenzung zwischen Foto-Themes und Portfolio-Themes
- Versuch der Beschreibung eines Portfolios

Theme	Installationen	Spalten	Kurzbeschreibung
PHLOX	über 20.000	(1,2,3,4)	professional portfolio features
Portfolio Web	über 2.000	(1,2,3,4)	WordPress theme designed particularly for a portfolio website
FolioPress	über 1.000	(2,3,4)	super flexible Portfolio WordPress Theme

Tabelle 28 Portfolio-Themes mit maximal 4 Spalten

Das Theme **FolioPress** verweist auf seine Demo und seine Dokumentation.

Portfolio-Themes mit maximal 3 Spalten

Berücksichtigt wurden in erster Linie Themes, die sich als Portfolio-Themes bezeichnen. An dieser Stelle kann ich auf diese beiden Kapitel verweisen.

- Schwierige Abgrenzung zwischen Foto-Themes und Portfolio-Themes
- Versuch der Beschreibung eines Portfolios

Theme	Installationen	Spalten	Kurzbeschreibung
Vertex	über 8.000	(1,2,3)	simple theme mostly for portfolio websites
Portfolio Gallery	über 4.000	(1,2,3)	business portfolio, art portfolio, photography portfolio
Hitchcock	über 10.000	[3]	minimal portfolio theme for designers, photographers

Tabelle 29 Portfolio-Themes mit maximal 3 Spalten

Das Theme **Portfolio Gallery** verweist auf seine Demo.

Portfolio-Themes mit maximal 2 Spalten

Ausgesucht wurden in erster Linie Themes, die sich als Portfolio-Themes bezeichnen. An dieser Stelle kann ich auf diese beiden Kapitel verweisen.

- Schwierige Abgrenzung zwischen Foto-Themes und Portfolio-Themes
- Versuch der Beschreibung eines Portfolios

Theme	Installationen	Spalten	Kurzbeschreibung
Modern	über 4.000	(1, 2)	blog and portfolio WordPress theme
Orvis	über 2.000	[2]	Portfolio-Theme, vorrangig für Designer und Fotografen
Byblos	über 4.000	(1, 2)	portfolio style theme
Ignis	über 3.000	[2]	modern portfolio theme

Tabelle 30 Portfolio-Themes mit maximal 2 Spalten

Portfolio-Themes mit maximal einer Spalte

Ausgesucht wurden in erster Linie Themes, die sich als Portfolio-Themes bezeichnen. An dieser Stelle kann ich auf diese beiden Kapitel verweisen.

- Schwierige Abgrenzung zwischen Foto-Themes und Portfolio-Themes
- Versuch der Beschreibung eines Portfolios

Theme	Installationen	Spalten	Kurzbeschreibung
Argent	über 10.000	[1]	clean and modern portfolio theme

Illustratr	über 5.000	[1]	Minimalistisches Portfolio-Theme
Minimal Portfolio	über 4.000	[1]	free WordPress Portfolio theme built, Bootstrap 4 framework.

Tabelle 31 Portfolio-Themes mit maximal einer Spalte

Im Vergleich zum August 2017 ist die Anzahl der aktiven Installationen beim Theme **Argent** konstant geblieben. Dagegen hat das Theme **Illustratr** in diesem Zeitraum von 4.000 aktiven Installationen auf 5.000 aktive Installationen zugelegt.

E-Commerce

E-Commerce ist ein komplexes Thema, unabhängig davon, ob man für E-Commerce ein WordPress Theme einsetzt oder nicht einsetzt. Daher gibt es Bücher zum Thema „E-Commerce", die auf über 400 Seiten versuchen, dieses Thema in den Griff zu bekommen. Dieses Kapitel kann natürlich kein Buch mit über 400 Seiten ersetzen. Dennoch möchte ich auf einige Aspekte des elektronischen Handels eingehen.

Sie können natürlich hier Ihren Aufwand reduzieren, wenn Sie Ihre Dienstleistungen und Produkte nicht ins Ausland verkaufen.

Grenzüberschreitender elektronischer Handel

Insbesondere bei außereuropäischen Verkäufen wäre zu prüfen, ob irgendwelche Zollbestimmungen, zu beachten sind.

Harmonisierung durch die EU-Richtlinie 2011/83/EU

Mit der EU-Richtlinie 2011/83/EU wurde eine Vollharmonisierung angestrebt. Hier einige Punkte, bei denen das gelungen ist.

- Informationen über mögliche Zahlungsarten und mögliche Lieferbeschränkungen (Beispiel: „Artikel wird nicht nach Portugal ausgeliefert") müssen spätestens verfügbar sein, wenn man sich im Warenkorb befindet.
- Liefertermine sind verbindlich anzugeben. Wobei natürlich eine Angabe „Lieferung innerhalb von 2 bis 5 Werktagen" ausreichend ist.
- Für Anrufe beim Onlinehändler darf nur der Grundtarif verlangt werden. Die Zeiten, in denen die Onlinehändler einen Teil ihrer Umsätze mit künstlich generierten Warteschleifen und überteuerten Telefonnummern gepusht haben, sind also vorbei.
- Eine Widerrufsfrist von 14 Tagen
- Der Onlinehändler trägt die Kosten für die Versendung der Ware, kann aber Expresszuschläge auf den Kunden abwälzen. Im Übrigen kann man (theoretisch) den Verkaufspreis so ansetzen, dass in ihm versteckt, die Versendungskosten enthalten sind
- Falls widerrufen wird, muss der Kunde die Kosten der Rückübersendung tragen. Wie Sie wahrscheinlich aus der Praxis wissen, gibt es Onlinehändler die freiwillig die Rückübersendungskosten übernehmen. Insbesondere bei Stammkunden, die selten eine Ware zurückschicken, ergibt das einen Sinn.
- Falls die zugegangene Ware so beschaffen ist, das für die Rückübersendung der normale Postweg nicht geeignet ist, muss der Onlineshop auf diese Rückübersendungskosten hinweisen. Hierbei dürfte es sich um einige Spezialfälle handeln. Wer bestellt schon online ein lebendes Krokodil?

Die EU-Richtlinie 2011/83/EU regelt nicht alles

Die EU-Richtlinie 2011/83/EU regelt nicht alles. Schließlich gibt es ergänzend dazu noch Verordnungen und Urteile des Europäischen Gerichtshofes.

Bei einem grenzüberschreitenden elektronischen Handel stellt sich z. B in einem Konfliktfall die Frage, welches nationale Rechtgilt, wenn der Kunde gegen den Onlinehändler gerichtlich vorgehen möchte. Das ist schon am Anfang der Überlegungen von Bedeutung.

- Welches Gericht ist in welchem Land zuständig?
- Besteht eine Anwaltspflicht? Dass würde das Kostenrisiko in die Höhe treiben.
- Unterliegt der Onlinehändler im Rechtsstreit, muss er die Anwaltskosten des Kunden übernehmen?

Das sind alles allgemeine Fragen, die mit dem tatsächlichen Onlinekauf recht wenig zu tun haben.

Bei der Frage, welches nationale Recht anzuwenden ist, muss unterschieden werden, ob der Kunde ein Verbraucher ist oder ein Unternehmer.

Hier wird es also richtig kompliziert.

Relativ leicht verständliche Erklärungen zu diesen Themen finden Sie hier:

- https://www.ecommerce-verbindungsstelle.de/themen/internetauftritt/onlinehandel-und-anwendbares-recht/
- https://shop.trustedshops.com/media/pdf/Trusted_Shops_Handbuch_Cross-Border_E-Commerce_EU-PREVIEW.pdf

Wer in englischer Sprache verkauft, der kann in England verkaufen, aber auch in die USA. Dort gilt natürlich nicht die o. g. EU-Richtlinie. Wer in englischer Sprache verkauft, der kann in England verkaufen. Doch wie würden die Regeln dafür nach einem Brexit aussehen?

Einige andere Aspekte beim E-Commerce

Umsatzsteuer

Zudem gibt es in der Regel im Ausland andere Mehrwertsteuersätze. Wird dies vom Theme berücksichtigt oder wäre das dann für jedes Land manuell einzupflegen? Mehrwertsteuersätze ändern sich im Laufe der Zeit. Meistens klettern diese nach oben. Müssen Sie darauf ständig achten oder werden diese Änderungen durch Updates der Themes automatisch berücksichtigt.

Ist „reverse charge" einstellbar? Sodass der Kunde, wenn er Unternehmer ist, von dem Onlinehändler keine Umsatzsteuer in Rechnung gestellt bekommt. Besteht die Möglichkeit, Umsatzsteuer-Identifikationsnummern zu überprüfen? Damit sich die Chance verringert, dass Sie unfreiwilliger Teilnehmer eines Umsatzsteuerkarussells werden.

Gütesiegel

In verschiedenen Ländern gibt es verschiedene Gütesiegel für E-Commerce.

Hier für Deutschland eine Liste, deren Vollständigkeit nicht behauptet wird und die sich nicht nur auf Onlinehandel bezieht.

- https://label-online.de/

In manchen Ländern gibt es vielleicht überhaupt kein Gütesiegel. Auf jeden Fall gibt es den European Trustmark,

- https://europeantrustmark.eu/

Das bedeutet aber auch, dass Ihr E-Commerce Webpage sich nicht nur am EU-Recht orientieren muss, sondern auch die zusätzlichen Anforderungen, die vom Gütesiegel definiert werden, erfüllen muss. Lässt das Theme es im Standard zu, dass ein Gütesiegel auf der Webpage gut sichtbar gezeigt werden kann?

Adressdaten anderer Länder

Können Adressdaten anderer Länder verarbeitet werden? Ich habe es schon erlebt, dass nur fünfstellige Postleitzahlen eingebbar waren, obwohl als Land eben nicht Deutschland ausgewählt worden war. Kaum zu glauben!

Oder noch verheerender. Als Land war nur Deutschland auswählbar. Da wurde dann auf Grund eines Telefonats manuell eingegriffen.

Im Zweifelsfall eine Fachfrau oder einen Fachmann beauftragen

Bei einem Foto-Theme, das nur die eigenen Fotos zeigt, beschränken sich Probleme und Möglichkeiten weitestgehend auf technische Fragen.

Bei dem Thema „WordPress E-Commerce Themes" geht es aber nicht nur um Schieberegler, Einkaufswägen, Produktportfolios, Produktkarussells, Wunschlisten und andere technische Details.

Bevor Sie ein WordPress Theme für E-Commerce herunterladen, würde ich mich erstmal mit diesen Punkten beschäftigen. Bekommen Sie diese Materie nicht in den Griff sollten Sie einen Fachmann zu Rate ziehen.

Ich habe im Internet viele gute Beiträge zu E-Commerce Themes gefunden, die teilweise sehr detailliert E-Commerce Themes beschreiben. Aber zu den hier genannten Problemen keine Stellung beziehen. Das zeigt, dass diese Themen nicht leicht abhandelbar sind.

Eine Schnittstelle zur Finanzbuchhaltung wäre wünschenswert

Eine Schnittstelle zur Finanzbuchhaltung wäre wünschenswert, kann aber nicht von einem kostenlosen Theme erwartet werden.

Möchten Sie bei dem Verkauf eine Schnittstelle zur Finanzbuchhaltung haben? Damit bei der Bestellung gleich eine Forderung und die eventuell darauf lastende Mehrwertsteuer auf den passenden Konten gebucht wird?

Ähnliches gilt, wenn der Kunden bei der Bestellung gleich z. B. per Kreditkarte zahlt. Auch dann sollten die entsprechenden Konten angesprochen werden.

Die Bilanz wird dann automatisch erstellt.

Mit dem Plugin „WooBillomat" oder dem Plugin „FastBill" oder dem Plugin „IEX Integration" könnte mal testen, ob man mit dem Plugin „WooCommerce" eine Verbindung zur Finanzbuchhaltung hinbekommt. Oder ob nur automatisch Rechnungen ohne Buchung mit Soll und Haben erstellt werden.

Ferner gibt es noch das kostenpflichtige Programm „sevDesk", das automatisch eine Umsatzsteuervoranmeldung ohne die Benutzung von Elster erstellen kann.

Apropos: „WooCommerce" – dieses kostenlose Plugin leistet die eigentliche E-Commerce „Arbeit" und nicht das E-Commerce Theme. Mir ist kein E-Commerce Theme aufgefallen, das sich nicht auf dieses Plugin beruft. Im Großen und Ganzen bildet das E-Commerce Theme nur den Rahmen, in den dieses Plugin eingebaut wird. Oder anders ausgedrückt: Was ist an dem Theme noch E-Commerce ohne dieses Plugin? Das sollte man bei den folgenden Kapiteln im Auge behalten.

Themes für E-Commerce mit maximal 4 Spalten

Betrachtet werden hier nur Themes, die ausschließlich für E-Commerce gedacht sein sollen. Also keine Themes, die noch für Fotografie gedacht sind oder die multipurpose sind oder die ein Magazin sind oder die ein Portfolio Theme sind und auch noch „E-Commerce" sind.

Theme	Installationen	Spalten	Kurzbeschreibung
Online Shop	über 9.000	(1,2,3,4)	multipurpose e-commerce theme
VW Ecommerce Shop	über 2.000	(1,2,3,4)	multipurpose E-commerce WordPress theme
ShoppingCart	über 2.000	[4]	build for Store, eCommerce, Shop
Gutenshop	über 1.000	(2,3,4)	made for webshops, online boutiques and stores
Advance Ecommerce Store	über 1.000	(1,2,3,4)	for all types of shop
Ecommerce Solution	über 1.000	(1,2,3,4)	creating an online store is a matter of minutes

Tabelle 32 E-Commerce Themes mit maximal 4 Spalten

Für einige dieser Themes werden diese Hilfen angeboten.

Theme	Demo	Support
Online Shop	x	x
VW Ecommerce Shop	x	
ShoppingCart	x	x

Tabelle 33 Hilfen E-Commerce Themes mit 4 Spalten

E-Commerce Themes mit maximal 3 Spalten

Betrachtet werden hier nur Themes, die ausschließlich für E-Commerce gedacht sein sollen. Also keine Themes, die noch für Fotografie gedacht sind oder die multipurpose sind oder die ein Magazin sind oder die ein Portfolio Theme sind und auch noch „E-Commerce" sind.

Theme	Installationen	Spalten	Kurzbeschreibung
AccessPress Store	über 8.000	(1,2,3)	works beautifully with WooCommerce
StoreVilla	über 6.000	(1,2,3)	elegantly designed free eCommerce WordPress theme
Alpha Store	über 4.000	(1,2,3)	modern free WooCommerce WordPress theme
Easy Store	über 3.000	(1,2,3)	e-commerce theme
MaxStore	über 3000	(1,2,3)	free WooCommerce WordPress Theme
Best Commerce	über 3.000	(1,2,3)	WordPress e-commerce theme
Easy Commerce	über 2.000	(1,2,3)	clean and well-designed e-commerce WordPress theme
WP Store	über 2.000	[3]	a feature rich woocommerce theme

Tabelle 34 E-Commerce Themes mit maximal 3 Spalten

Für einige dieser Themes werden diese Hilfen angeboten.

Theme	Demo	Support	Doku
Alpha Store	x	x	x
Easy Store	x	x	
MaxStore	x		x
Easy Commerce	x	x	

Tabelle 35 Hilfen für E-Commerce Themes mit max. 3 Spalten

So hat sich die Anzahl der Installationen bei den 3 Spitzenreitern in den letzten circa 2 Jahren entwickelt.

Theme	Juni 2019	August 2017
AccessPress Store	über 8.000	über 10.000
StoreVilla	über 6.000	über 4.000
Alpha Store	über 4.000	über 8.000

Tabelle 36 Entwicklung der Installationen, maximal 3 Spalten

Themes für E-Commerce mit maximal 2 Spalten

Betrachtet werden hier nur Themes, die ausschließlich für E-Commerce gedacht sein sollen. Also keine Themes, die noch für Fotografie gedacht sind oder die multipurpose sind oder die ein Magazin sind oder die ein Portfolio Theme sind und auch noch „E-Commerce" sind.

Theme	Installationen	Spalten	Kurzbeschreibung
Storefront	über 200.000	[2]	das perfekte Theme für dein nächstes WooCommerce-Projekt.
Shop Isle	über 40.000	(1, 2)	perfektes Gratis-Theme für deinen WooCommerce-Shop auf Basis von Bootstrap
eStore	über 10.000	(1, 2)	WooCommerce/WordPress-Theme.

Tabelle 37 E-Commerce Themes mit maximal 2 Spalten

Das Theme **eStore** verweist noch auf seine Demo und seinen Support.

So hat sich die Anzahl der Installationen bei den 3 Spitzenreitern in den letzten circa 2 Jahren entwickelt.

Theme	Juni 2019	August 2017

Storefront	über 200.000	über 100.000
Shop Isle	über 40.000	über 30.000
eStore	über 10.000	über 10.000

Tabelle 38 Entwicklung der Installationen, maximal 2 Spalten

Themes für E-Commerce mit maximal einer Spalte

Betrachtet werden hier nur Themes, die ausschließlich für E-Commerce gedacht sein sollen. Also keine Themes, die noch für Fotografie gedacht sind oder die multipurpose sind oder die ein Magazin sind oder die ein Portfolio Theme sind und auch noch „E-Commerce" sind. Bei dem Theme Fortunato habe ich einen kleinen Kompromiss gemacht.

Nur 1 Spalte für Produktpräsentationen? Themes für E-Commerce mit maximal einer Spalte gibt es wenige. Zudem gehen die Installationszahlen hier ganz schön in die Knie.

Theme	Installationen	Spalten	Kurzbeschreibung
Fortunato	über 1.000	[1]	WordPress Blog Theme and E-Commerce, WooCommerce integration
Buzz Ecommerce	über 800	[1]	modern free WooCommerce WordPress theme
BasicStore	über 900	[1]	theme for shop owners using WooCommerce

Tabelle 39 E-Commerce Themes mit maximal einer Spalte

Die Themes **Fortunato** und **Buzz Ecommerce** verweisen auf ihre Demos. Das Theme **Fortunato** hatte im August 2017 noch über 3.000 aktive Installationen.

Reine Blog-Themes

Was sind Themes, die „nur" Blog sein sollen? Also den ursprünglichen Grundgedanken von WordPress verkörpern. Das sind also Themes, die nicht für Nachrichten, Business, Fotografie, E-Commerce etc. entwickelt worden sind. Natürlich sind das dann auch keine multi purpose Themes.

Die „nur"-Blog Themes sind also der Rest. Diesen Rest zu finden, war das größte Problem. Schließlich ist kaum ein Theme, denkbar, das nicht auch als Blog benutzt werden kann. Dementsprechend groß ist das Angebot bei dem Thema „Blog". Anfang Juni 2019 waren das 2955 Themes.

Hier der Vergleich zu den anderen Themen.

Thema	Anzahl Themes
Blog	2.955
E-Commerce	1.117
Portfolio	1.008
Nachrichten	856
Fotografie	407
Unterhaltung	406
Essen & Trinken	134
Feiertage	80

Tabelle 40 Anzahl Themes pro Thema

Da viele Themes bei mehreren Themen gelistet sind, kann man in dieser Tabelle, die Themes nicht aufaddieren. Wenn Sie diese Tabelle lesen, werden die Zahlen schon veraltet sein. Aber die Relationen müssten in etwa die gleichen sein.

Unter 2955 Themes, die zu finden, die „nur" Blog sein wollen, ist eine Herkulesaufgabe. Daher kann ich noch weniger als bei den anderen Themen garantieren, dass ich kein Theme übersehen habe.

Reine Blog-Themes mit maximal 4 Spalten

Was reine Blog-Themes sind, wird in dem Kapitel „Reine Blog-Themes" erklärt.

Theme	Installationen	Spalten	Kurzbeschreibung
Edge	über 10.000	[4]	is simple, clean, blog-focused, and designed for clarity
Reblog	über 1.000	(2, 4)	masonry blog WordPress theme
Miteri	über 1.000	(1,2,3)	simple and clean WordPress blog style theme
Sampression Lite	über 1.000	(2, 4)	WordPress theme with an attractive masonry blog layout

Tabelle 41 Reine Blog-Themes mit maximal 4 Spalten

Das Theme **Edge** verweist auf eine Demo.

Reine Blog-Themes mit maximal 3 Spalten

Was reine Blog-Themes sind, wird in dem Kapitel „Reine Blog-Themes" erklärt.

Theme	Installationen	Spalten	Kurzbeschreibung
Twenty Fourteen	über 200.000	(2, 3)	Deine wichtigsten Beiträge im Raster oder im Slider
Ashe	über 40.000	(1,2,3)	Multi-Author Free WordPress Blog

			Theme
Poseidon	über 40.000	(1,2,3)	Du kannst das Theme als einfachen Blog verwenden
Cenote	über 10.000	(1,2,3)	wunderschön gestaltetes und aufgeräumtes WordPress-Blog-Theme.
Bard	über 10.000	(1,2,3)	WordPress-Blog-Theme, auch für mehrere Autoren
Donovan	über 10.000	(1,2,3)	einfach zu nutzendes Blogging Theme
Fukasawa	über 10.000	[3]	minimal masonry style blog theme

Tabelle 42 Reine Blog-Themes mit maximal 3 Spalten

Reine Blog-Themes mit maximal 2 Spalten

Was reine Blog-Themes sind, wird in dem Kapitel „Reine Blog-Themes" erklärt.

Theme	Installationen	Spalten	Kurzbeschreibung
Twenty Sixteen	über 500.000	(1, 2)	horizontale Kopfzeile, optionale rechte Seitenleiste
Twenty Fifteen	über 300.000	[2]	stellt das Bloggen in den Mittelpunkt
Twenty Twelve	über 200.000	(1, 2)	Startseiten-Vorlage mit eigenen Widgets
Twenty Eleven	über 200.000	(1, 2)	benutzerdefinierte Menüs, Header-Grafiken
Twenty Thirteen	über 100.000	(1, 2)	bringt uns zurück zum Blog
Twenty Ten	über 100.000	[2]	sechs Widgetbereiche (zwei in der Sidebar, vier im Footer)

Tabelle 43 Reine Blog-Standard-Themes mit maximal 2 Spalten

Hier dominieren ganz klar die Standard-Themes von WordPress. Allerdings haben diese Standard-Themes in den letzten circa 2 Jahren durchgehend bei der Anzahl der Installationen herbe Verluste erlitten.

Theme	Juni 2019	August 2017
Twenty Sixteen	über 500.000	über 900.000
Twenty Fifteen	über 300.000	über 500.000
Twenty Twelve	über 200.000	über 300.000
Twenty Eleven	über 200.000	über 300.000
Twenty Thirteen	über 100.000	über 200.000
Twenty Ten	über 100.000	über 200.000

Tabelle 44 Entwicklung Standard-Themes, maximal 2 Spalten

Der Trend geht wohl dahin, etwas anderes als den Standard zu haben.

Da es wohl diesen Trend gibt, hier noch einige reine Blog-Themes mit maximal 2 Spalten, die keine Standard-Themes sind.

Theme	Installationen	Spalten	Kurzbeschreibung
Hemingway	über 30.000	[2]	beautiful two-column theme for bloggers
Lovecraft	über 10.000	[2]	beautiful two-column theme for bloggers
Head Blog	über 9.000	(1, 2)	WordPress-Theme für schnelles Bloggen
MH Cicero lite	über 6.000	(1, 2)	ideal for creative blogs and offers a beautiful flat design
Ribbon Lite	über 5.000	[2]	is perfect for niche blogs with a lot of content
Boston	über 5.000	(1, 2)	minimales WordPress Theme

			für Blogger
Balanced Blog	über 4.000	(1, 2)	unterstützt individuelle Header, Logos oder Hintergründe
Fashify	über 4.000	(1, 2)	A fashionable WordPress blog theme.

Tabelle 45 Reine Blog-Themes mit maximal 2 Spalten

Viele dieser Themes bieten Hilfen an.

Theme	Demo	Doku
Hemingway	x	
Lovecraft	x	
Head Blog	x	
Ribbon Lite	x	
Boston	x	x
Balanced Blog	x	

Tabelle 46 Hilfen Blog-Themes, max. 2 Spalten

Reine Blog-Themes mit maximal einer Spalte

Was reine Blog-Themes sind, wird in dem Kapitel „Reine Blog-Themes" erklärt.

Theme	Installationen	Spalten	Kurzbeschreibung
One Page Express	über 30.000	[1]	to create a one page website in minutes by drag and drop
Write	über 20.000	[1]	focused on writing. It's designed to keep decorations to a minimum
modernize	über 10.000	[1]	I made it for blogging

Tabelle 47 Reine Blog-Themes mit maximal einer Spalte

Themes mit Werbemöglichkeiten

Bei Themes mit Werbemöglichkeiten können Sie mit kostenlosen Themes Geld verdienen. Berücksichtigt wurden nur Themes bei denen sich diese Möglichkeit aus der Theme-Beschreibung ergibt. In erster Linie sind das Themes für Magazine. Wie sich aber aus der folgenden Tabelle ergibt, bieten aber auch andere Arten von Themes Werbemöglichkeiten an.

Theme	Installationen	Spalten	Kurzbeschreibung
Catch Box	über 10.000	(1, 2)	for bloggers, Adspace widget to add any type of Advertisements
Online Shop	über 9.000	(1,2,3,4)	multipurpose e-commerce theme, advertisement options
NewsCard	über 7.000	[2]	Multi-Purpose Magazine/News Theme, Header Image/Overlay/Advertisement
SuperMag	über 7.000	(1, 2)	Theme for Magazine, advertisement can be added from customizer and widgets
eCommerce Gem	über 5.000	(1, 2)	multipurpose e-Commerce theme, advertisement section, banners
EasyMag	über 3.000	(1,2,3)	für Magazine, verschiedene Werbebannergrößen werden unterstützt
Metro Magazine	über 3.000	(1, 2)	magazine style WordPress theme, advertisement settings
Blossom Feminine	über 3.000	(1, 2)	feminine blog theme, advertisement widget in the theme
SuperNews	über 3.000	(1,2,3,4)	for News, Magazine and Blog style sites, advertisement ready

Tabelle 48 Themes mit Werbemöglichkeiten

Viele dieser Themes bieten Hilfen an.

Theme	Demo	Support	Doku
Catch Box		x	
Online Shop	x	x	
NewsCard	x	x	
SuperMag	x		
eCommerce Gem	x		
Metro Magazine	x	x	x
SuperNews	x	x	

Tabelle 49 Hilfen für Themes mit Werbemöglichkeiten

Hinweise für Theme-Entwickler

Im Juni 2019 boten nur 78 Themes Werbemöglichkeiten an. Da vermutlich fast jeder gerne mit seiner Webpage Geld verdienen möchte, sind das relativ wenige Themes. Hier kann es sich für einen Theme-Entwickler noch lohnen, auf den Zug zu springen.

Themes für Feiertage

In diesem Sammelsurium gibt es nur ganz wenige Themes die zumindest vom Namen und den Fotos einen konkreten Bezug zu einem Feiertag erkennen lassen. Dort findet man einige Themes, die entweder in ihrem Namen oder in ihrer Beschreibung einen allgemeinen Bezug zu Reisen und Urlaub haben. So gesehen wären Urlaubstage Feiertage.

Es stellt sich die Frage, ob man ein Theme nur für Feiertage braucht. Sinn kann das bei einem Onlineshop ergeben, der z. B. für die Weihnachtsfeiertage ein spezielles Layout mit besonderen Weihnachtsaktionen anbietet. Dann wäre man aber bei einem E-Commerce Theme.

Aber auch in so einem Fall wäre es eleganter, dass man für die Feiertage ein spezielles Child-Theme benutzt (siehe Kapitel „Parent-Themes und Child-Themes").

So z. B. das Child-Theme **Christmas Gift** mit über 200 aktiven Installationen. Hier müsste man mal beobachten, ob die Anzahl der Installationen vor Weihnachten hochschnellt. Das ist übrigens ein Child-Theme von **Twenty Sixteen**.

Theme	Installationen	Spalten	Kurzbeschreibung
SantaMas	über 200	?	date countdown, shows the remaining days, snowfall effect on the banner
Chrisporate	über 200	[2]	you can switch between the Christmas and Corporate mode with one click

Tabelle 50 Themes für Feiertage

Themes für Sport

Berücksichtigt wurden nur Themes, die sich eindeutig zum Thema Sport bekennen und mindestens über 800 aktive Installationen haben.

Theme	Installationen	Spalten	Kurzbeschreibung
Rookie	über 8.000	(1,2,3)	made for sports organisations looking to use the SportsPress plugin
Sporty	über 5.000	(1, 2)	WordPress Sports Theme
Wellness	über 2.000	(1, 2)	für Gesundheit, Fitness und Wellness, Kurs- und Trainingspläne
Seos Football	über 1.000	(1,2,3)	football, sport, fitness
Gym Express	über 800	(1, 2)	fo your Gym, Fitness Clubs, Crossfit Boxes, Sports & Health Websites, Personal Trainer etc.

Tabelle 51 Themes für Sport

Aus den Beschreibungen der Themes lässt sich oft nicht erkennen, warum diese Themes besonders für das Thema Sport geeignet sein sollen.

Hinweise für Entwickler

Angesichts der Vielzahl von Sportvereinen und Sporttreibenden erscheint mir dieses Marktsegment – wie kaum ein anderes – unterentwickelt zu sein.

Wer es dann noch schafft, in sein Theme die folgenden Funktionen hineinzupacken

- Mitgliederverwaltung
- Platzreservierungen (Badminton, Tennis, Golf etc.)
- Ticketvorverkäufe

müsste doch eigentlich erfolgreich sein?

Themes für Branchen

Viele Theme-Beschreibungen kranken daran, dass nicht klar wird, warum ein bestimmtes Theme für eine spezielle Branche besonders geeignet sein soll.

Die Beispielbilder in einem Theme sind nur sehr beschränkt richtungsweisend.

Beispiel:

Ein Theme für „Gas, Wasser, Scheiße". Da gibt es dann neben dem Hauptbild noch andere Bilder z. B. von den speziellen Werkzeugen. Wenn man alle diese Bilder ausgetauscht hat, was bleibt dann noch übrig, das als speziell „Gas, Wasser, Scheiße" angesehen werden kann? Sodass z. B. von einem Schreiner dieses Theme nicht benutzt werden kann?

Wenn es Multi Purpose Themes gibt, die auf Grund Ihres Namens UND Ihrer Bilder einen klaren Branchenbezug haben, was sind dann branchenbezogene Themes? Welche die in der Theme-Beschreibung auf den Zusatz „multi purpose" verzichten? So einfach ist es bestimmt nicht.

Themes für Bildungseinrichtungen

Bei dem Thema „Bildung" finden Sie Themes für Bildungseinrichtungen. Wie bei jedem anderen Thema auch, sind dort Themes gelistet, die mit Bildung bzw. Bildungseinrichtungen nichts zu tun haben.

Bei dem Thema „Bildung" hat sich seit August 2017 einiges getan. Konnte man im August 2017 mit Müh und Not 3 Themes finden, die mindestens über 3.000 aktive Installationen hatten, sind es im Mai 2019 schon 8 Themes, die mindestens über 3.000 aktive Installationen haben.

Geblieben ist allerdings, dass bei keinen der Themes aus der Beschreibung so richtig klar wird, warum diese Themes für Thema Bildung besonders geeignet sein sollen.

Theme	Installationen	Spalten	Kurzbeschreibung
Education Hub	über 10.000	(1,2,3)	is best suited for college, school, university
Education Base	über 6.000	(1,2,3)	tackling the overall needs of all educational institute websites
Education Zone	über 4.000	(1, 2)	is best suited for college, school, university, LMS, Training Center, Academy etc.
Enlighten	über 4.000	?	ideal for college, school, university and other academic/ educational websites
Universität	über 4.000	(2, 3)	can be used for educational, academic, institutions
University Hub	über 4.000	(1,2,3)	for university, school, college or other educational institutions
Preschool and Kindergarten	über 3.000	(1, 2)	suitable for Kindergarten, Schools, Elementary, Primary Schools, Universities etc.
Scholarship	über 3.000	(1, 2)	is a the Best Free WordPress Education Theme

Tabelle 52 Themes für Bildungseinrichtungen

Bis auf das Theme **Universität** haben alle diese Themes eine Demo und bieten irgendeine Art von Support an. Das ist bei anderen Themen/Branchen in dieser Häufigkeit nicht der Fall.

So hat sich die Anzahl der Installationen bei den 3 Spitzenreitern aus dem August 2017 entwickelt.

Theme	Juni 2019	August 2017
Education Hub	über 10.000	über 10.000

Enlighten	über 4.000	über 3.000
University Hub	über 4.000	über 3.000

Tabelle 53 Entwicklung Themes für Bildungseinrichtungen

Themes für Musiker und Bands

Bei dem Thema „Unterhaltung" finden Sie Themes für Musiker und Bands. Wie bei jedem anderen Thema auch, sind dort Themes gelistet, die mit Unterhaltung bzw. Musik nichts zu tun haben.

Hier hat sich einiges seit August 2017 zum Negativen entwickelt. Damals hatte ich 4 Themes mit mindestens 1000 aktiven Installationen gefunden. Im Mai 2019 hatte ich die Themes „Muso" und „RocknRolla" nicht mehr gefunden.

Theme	Installationen	Spalten	Kurzbeschreibung
Rock Star	über 4.000	(1,2,3,)	built for artists, musician and bands aiming to promote their music and events
Singl	über 1.000	[1]	hauptsächlich für Musiker entwickelt

Tabelle 54 Themes für Musiker und Bands

Das Theme **Rock Star** verweist auf Demo, Support und Doku.

Das Theme **Singl** hat sich von über 2.000 aktive Installationen im August 2017 auf über 1.000 aktive Installationen im Mai 2019 verschlechtert. Weil dieses Theme so schlecht zu finden ist? Bei dem Stichwort „Single" erhält man 202 Treffer.

Bei diesen beiden Themes wird auf Anhieb nicht so richtig klar, warum sie für Musiker und Bands besonders geeignet sein sollen.

Themes für Essen, Trinken und Restaurants

Wie bei jedem anderen Thema auch, sind bei dem Thema „Essen & Trinken" Themes gelistet, die mit diesem Thema nichts zu tun haben.

Theme	Installationen	Spalten	Kurzbeschreibung
Kale	über 20.000	(1,2,3)	uncluttered food blog
Auberge	über 7.000	(1, 2)	modern restaurant & café & recipes blog
Foodica	über 5.000	(2, 3)	is perfect for creating food based blogs and recipe websites
Belise Lite	über 4.000	[1]	hübsche Speisekarten mit Hilfe des Jetpack-Plugin, einen Abschnitt für Veranstaltungen
Fooding	über 3000	(1, 2)	making it perfect for food and recipes related websites
Brasserie	über 2.000	(1, 2)	highly customizable WordPress Restaurant Theme
Confit	über 2.000	[2]	Speisekarte hinzuzufügen, Kontakt-Info Widget für Map, Telefonnummer,Öffnungszeiten.
SKT Hotel Lite	über 2.000	(1, 2)	Hotel WordPress theme
Receptar	über 2.000	(2, 4)	split-screen book-like design inspired by a modern cook book
Canape	über 2.000	[2]	Open-Table-Widgets für Gäste Online Reservierungen, unterstützt Erstellung von Menü- bzw. Speisekarten

Tabelle 55 Themes für Essen, Trinken und Restaurants

Die Themes **Foodica** und **SKT Hotel Lite** verweisen auf ihre Demo.

Warum ein Theme für eine bestimmte Branche/ein bestimmtes Thema/einen bestimmten Zweck besonders geeignet ist, kann man bei einigen dieser Theme-Beschreibungen erkennen. Auch kann man sehen, wie einfach es ist, die Theme-Beschreibung entsprechend zu gestalten.

Sowohl bei Restaurants als auch bei Hotels machen Mikroformate einen besonderen Sinn, da hier z. B. die Adresse von großer Bedeutung ist.

So hat sich die Anzahl der Installationen bei einigen dieser Themes seit dem August 2017 entwickelt.

Theme	Juni 2019	August 2017
Kale	über 20.000	über 10.000
Auberge	über 7.000	über 8.000
Brasserie	über 2.000	über 3.000
SKT Hotel Lite	über 2.000	über 3.000
Receptar	über 2.000	über 3.000

Tabelle 56 Entwicklung von einigen dieser Themes

Hinweise für Theme-Entwickler

Ich weiß nicht, wie Sie das sehen, aber die Installationszahlen für Hotels und Restaurants sind nicht atemberaubend. Vergleicht man diese Installationszahlen mit dem Themes für Bildungseinrichtungen, schneiden die Themes für Hotels und Restaurants schlecht ab. Vergleiche ich da Äpfel mit Birnen? Vielleicht falls es deutlich weniger Bildungseinrichtungen als Hotels und Restaurants gibt? Das ist für mich, aber auf den ersten Blick nicht erkennbar. Bei Hotels könnte man noch einwenden, dass viele Hotels zu Hotelketten gehören, bei denen die Zentrale über die Art des Internetauftritts entscheidet. Die Systemgastronomie dagegen ist nicht so weit verbreitet wie bei den Hotelketten.

Also ist im Markt für kostenlose Restaurant-Themes, wozu auch Kneipen mit kleiner Speisekarte gehören, noch Luft drin? Man würde dann an der Implementierung und der Einstellung des Themes Geld verdienen.

Wenn dann der Berater darauf verweisen kann, dass er das Theme programmiert hat, würde das die Kaltakquise erleichtern.

Themes für Touristikdienstleister

Bei dem Thema „Travel", das es bei https://de.wordpress.org/themes/ nicht gibt, hat sich seit August 2017 einiges getan. Konnte man im August 2017 mit Müh und Not 3 Themes finden, die mindestens über 900 Installationen hatten, sind es im Mai 2019 schon 7 Themes, die mindestens über 1000 Installationen haben. Dabei sind noch nicht mal, die berücksichtigt, die sich als Travel-Blog ausgeben. Da nicht erkennbar war, was ein Travel-Blog für das Thema „Travel" besseres zu bieten hat, als ein Blog, der sich nicht Travel-Blog nennt.

Folglich konzentrierte sich die Auswahl auf Themes, die für Reiseunternehmen gedacht sein sollen. Ich habe allerdings als Oberbegriff „Touristikdienstleister" genommen, da gefühlt, dieser Begriff weitläufiger ist.

Theme	Installationen	Spalten	Kurzbeschreibung
Travel Ultimate	über 1.000	(2, 3)	setup destinations and tour packages, portfolio page for solo travelers or travel guide
Travel Gem	über 1.000	(1,2,3,)	display the travel packages, allows users to book package easy.

Travel Booking	über 1.000	[2]	add trips, destinations, trip types, travel activities, travel online booking
Travel Agency	über 5.000	(1, 2)	add trips, destinations, trip types, travel activities, travel online booking
Travel Log	über 1.000	?	compatibality for WP Travel Plugin, managing tours and bookings.
Travel Eye	über 1.000	(1, 2)	for travel agencies, hotels, tour operators etc.
Travel Lite	über 1.000	[2]	for Travel Agencies, Hotels, Tour Operators, Airlines
Palmeria	über 1.000	[1]	built-in reservation functionality, booking forms, WordPress Hotel Booking plugin

Tabelle 57 Themes für Touristikdienstleister

Das Theme **Travel Lite** hatte im August 2017 nur über 1.000 aktive Installationen. Die Anzahl der Installationen ist bei dem Theme **Travel Eye** konstant geblieben.

Alle Themes bieten Hilfen an.

Theme	Demo	Support	Doku
Travel Ultimate			
Travel Gem	x	x	
Travel Booking		x	
Travel Agency	x	x	
Travel Log	x		x

Travel Eye	x	x	
Travel Lite	x		
Palmeria	x		

Tabelle 58 Hilfen für Themes für Touristikdienstleister

<u>Hinweise für Theme-Entwickler</u>

Zu dem Stichwort „Travel" findet man 526 Themes. Das beutet, dass viele denken, dass dieses Thema für Anwender/Benutzer wichtig ist. Die wenigsten Themes von den 526 Themes haben einen eindeutigen Bezug zu diesem Thema. Aber man will irgendwie zu dem Thema gefunden werden. Die Installationszahlen sind (noch) nicht so hoch, dass ein erfolgreicher Eintritt in dieses Marktsegment unmöglich erscheint.

Themes für Non-Profit-Organisationen

Berücksichtigt wurden nur Themes, die sich eindeutig zu Non-Profit-Organisationen bekennen und mindestens über 1000 aktive Installationen haben.

Theme	Installationen	Spalten	Kurzbeschreibung
GivingPress Lite	über 2.000	(1,2,3)	with an emphasis on collecting donations and fundraising
Ixion	über 2000	[1]	A theme for non-profits, organizations, and schools
Benevolent	über 1.000	[2]	was designed with nonprofit organizations in mind
Charitas Lite	über 1.000	[2]	best suited for Charity, NGO (Non-governmental organization), foundations, churches

Salt	über 1.000	(1,2,3)	theme for Nonprofit Organisations, Charities, Foundations and NGO's
Charitize	über 1.000	[2]	for all the Non-Profit Organizations, Non-Profit Associations, Foundations or churches

Tabelle 59 Themes für Non-Profit-Organisationen

Aus den Beschreibungen der Themes lässt sich oft nicht erkennen, warum diese Themes besonders für Non-Profit-Organisationen geeignet sein sollen.

Das Theme **Benevolent** verweist auf seine Demo, das Supportforum und die Doku für das Theme.

Hinweise für Entwickler

12 Treffer bei dem Stichwort "nonprofit" und 37 Treffer bei dem Stichwort "non-profit". Das ist nicht viel. Wer hier mit einem kostenlosen Theme Non-Profit-Organisationen helfen will, der ist bestimmt gerne gesehen. Das Theme sollte einfach einzurichten sein. "Non-Profit" hört sich nicht so an, als ob viel Geld für externe Beratungsleistungen zur Verfügung stünde. "Non-Profit" klingt auch nicht so, als viel Geld für interne It-Fachkräfte vorhanden sei.

Themes für andere Branchen

Natürlich kann man bei https://de.wordpress.org/themes/ auch noch nach anderen Stichwörtern als z. B. nach „Travel" suchen.

Beispiele:

- Bakery
- Charity
- Fashion
- Medical
- Spa

Dabei ist die Anzahl der Treffer so gering – zumindest, wenn man nur die Themes berücksichtigt bei denen das Stichwort im Titel des Themes enthalten ist. Sodass Sie ohne ausdrückliche Auflistung in diesem Buch zurechtkommen. Zumal Sie auch in diesem Fällen die Auswahlkriterien dieses Buches anwenden können, wenn Sie möchten.

Dabei sollte aus den Beschreibungen zu dem jeweiligen Stichwort ersichtlich sein, warum gerade diese Themes für das ausgewählte Stichwort besonders geeignet sein sollen.

Layouts für Themes

Nachdem nun „Themen" und „Branchen" besprochen worden sind, geht es nun um die Layouts, die bei https://de.wordpress.org/themes/ zum Filtern angeboten werden.

Das sind die folgenden Layouts:

- Raster-Layout
- Eine Spalte
- Zwei Spalten
- Drei Spalten
- Vier Spalten
- Sidebar links

- Sidebar rechts
- Breite Blöcke

Bezüglich der Spalten kann ich auf das Kapitel „Wie viele Spalten soll das Theme haben?" verweisen.

Auch für Themes mit Raster-Layouts gibt es Tabellen in diesem Buch. Diese Tabellen haben den gleichen Aufbau wie die Tabellen mit Themen und Branchen-Themes. D. h. auch in diesen Tabellen wird erwähnt, wie viele Spalten ein Theme haben kann. Siehe auch das Kapitel „Wieviel Spalten soll das Theme haben?".

Im Juni 2019 wurden einem 3398 Themes mit „Sidebar rechts" angeboten. Dagegen gab es zum gleichen Zeitpunkt „nur" 1.907 Themes mit einer Sidebar links. Auch wenn die Zahlen in diesem Kapitel wahrscheinlich schon nach 3 Tagen veraltet sind, kann man festhalten, dass die Anzahl der Themes mit einer Sidebar links deutlich geringer ist. Ich persönlich finde es besser, wenn die Sidebar rechts ist. Ich lese von links nach rechts. Daher möchte ich links mit dem Lesen des Textes anfangen, da stört mich eine Sidebar links. Aber da kann man natürlich anderer Meinung sein.

Setzt man jeweils ein Häkchen bei „Sidebar rechts" und „Sidebar links", stehen 1.765 Themes zur Auswahl. Das bedeutet, dass es 1.765 Themes gibt, die zugleich eine Sidebar rechts und eine Sidebar links haben. Ich habe 3 Stichproben gemacht und in der Tat hatten alle 3 Themes eine Sidebar rechts und Sidebar links.

Wer ein Fan von möglichst vielen Sidebars ist, findet in dem Kapitel „Themes mit vielen Funktionen und Einstellungsmöglichkeiten" einige Beispiele. In diesem Kapitel finden Sie auch Themes mit vielen Widgets oder Themes mit einer Vielzahl von verschiedenen Layouts (z. B. „7 Header layouts, 5 Blog layouts, 3 Footer layouts").

Zu dem Layout „Breite Blöcke" siehe das Kapitel „Gutenberg und breite Blöcke".

Neben den o. g. „offiziellen" Layout-Merkmalen werden in diesem Buch noch andere Arten von Layout besprochen (z. B. Themes mit Parallax Technology").

Raster-Layout

Was ist ein Raster? Eine Aufteilung in Spalten und Zeilen. So gesehen hat bereits ein Excel-Sheet ein Raster. Wenn auch die Zellen in der Standardeinstellung bei Excel für eine Browserbetrachtung für ein vernünftiges Lesen zu klein sind.

Zudem brauchen die Rasterzellen nicht gleich groß sein, so wie das in der Standardeinstellung bei Excel der Fall ist. Die Rasterzellen müssen auch nicht zwingend einen Rahmen haben.

Was sind die Vorteile von einem Raster-Layout?

Ein Raster kann dazu führen, dass eine gestalterische Ordnung sichtbar wird und damit der schnelle Überblick gewährleistet wird. Auf diesem Weg kann die Lesbarkeit über den Browser und damit auch das Verständnis verbessert werden.

Haben Sie Texte und/oder Bilder zu verschiedenen Themen kann dadurch die thematische Abgrenzung erleichtert werden. Zudem kann das Raster so gestaltet werden, dass bestimmte Themen immer am gleichen Ort zu finden sind.

Insbesondere Kataloge und Zeitschriften verwenden daher in der Regel Raster.

Einen Mangel an Themes mit Raster-Layout gibt es nicht. Im Juni 2019 gab es 1.007 kostenlose Themes mit Raster-Layout.

Themes mit Raster-Layout mit maximal 4 Spalten

Theme	Installationen	Spalten	Kurzbeschreibung
PHLOX	über 20.000	(1,2,3,4)	for almost any type of website
Make	über 10.000	(1,2,3,4)	Make scales with your business
Vogue	über 10.000	(2,3,4)	build any type of website

Tabelle 60 Themes mit Raster-Layout mit maximal 4 Spalten

Zu allen diesen Themes gibt es eine Hilfe.

Theme	Demo	Support	Doku
PHLOX	x		
Make			x
Vogue	x		

Tabelle 61 Hilfen Themes mit Raster-Layout, max. 4 Spalten

Themes mit Raster-Layout mit maximal 3 Spalten

Theme	Installationen	Spalten	Kurzbeschreibung
Consulting	über 30.000	(1,2,3)	ideal for a business or blog website, easy to use slider
Mantra	über 20.000	(1,2,3)	a do-it-yourself WordPress theme
Kale	über 20.000	(1,2,3)	uncluttered food blog theme

Tabelle 62 Themes mit Raster-Layout mit maximal 3 Spalten

Themes mit Raster-Layout mit maximal 2 Spalten

Theme	Installationen	Spalten	Kurzbeschreibung
Hestia	über 100.000	(1, 2)	modernes WordPress-Theme für Profis
Vantage	über 80.000	[2]	is a flexible multipurpose theme
Mesmerize	über 50.000	(1, 2)	unglaublich flexibles, Mehrzwecktheme
Shop Isle	über 40.000	(1, 2)	das perfekte Gratis-Theme für deinen WooCommerce-Shop
Neve	über 30.000	(1, 2)	einfach anpassbares Mehrzweck-Theme
Flash	über 30.000	(1, 2)	vielseitiges Theme, perfekt für jeden Typ Website geeignet
Writee	über 30.000	(1, 2)	personal WordPress blog theme

Tabelle 63 Themes mit Raster-Layout mit maximal 2 Spalten

Das Theme **Mesmerize** verweist auf seine Demo. Das Theme **Vantage** bietet ein Supportforum an.

Themes mit Raster-Layout mit maximal einer Spalte

Theme	Installationen	Spalten	Kurzbeschreibung
Argent	über 10.000	[1]	modern portfolio theme
Illustratr	über 5.000	[1]	Minimalistisches Portfolio-Theme
Pictorico	über 3.000	[1]	grid-based theme, large featured images, post slider

Tabelle 64 Themes mit Raster-Layout mit maximal einer Spalte

Bemerkenswert sind hier die Verbindungen zwischen Portfolio-Themes und Themes mit Raster-Layout.

Gutenberg-Editor, Layout "Breite Blöcke", Funktion „Block-Editor-Stile"

Themes mit Layout "Breite Blöcke"

Von Mai 2019 bis Juni 2019 stieg die Anzahl der Themes mit breiten Blöcken von 26 Themes auf 41 Themes. Das ist ein starker prozentualer Anstieg.

Da darunter auch Themes mit maximal 4 Spalten sind, scheint es wohl bei 4 Spalten noch genügend Platz für einen breiten Block zu geben.

Eine offizielle Definition von WordPress für den deutschen Ausdruck „Breite Blöcke" habe ich nicht gefunden. Aber diese Zitate helfen bestimmt weiter:

Der Blockeditor für „Breite Blöcke" wird Gutenberg genannt.

Der Cover-Block verfügt auch über die Ausrichtungsoptionen „Weite Breite" und „Volle Breite", die für die Erstellung einzigartiger Headers und Breitbildeffekte nützlich sind. Diese beiden Optionen sind nur verfügbar, wenn diese Art der Ausrichtung von deinem Theme unterstützt wird.

- https://de.support.wordpress.com/wordpress-editor/blocke/cover-block/

The Gutenberg editor introduces some new and interesting alignment options:-

•full-width

•wide-alignment

These options require that your theme explicitly supports them.

- https://weblines.com.au/gutenberg-blocks-wide-alignment-full-width/

Funktion „Block-Editor-Stile"

Every block type in the WordPress editor can have multiple style options. Some block types already have style options like buttons and quotes

- https://www.billerickson.net/block-styles-in-gutenberg/

Alles ist aus Blöcken aufgebaut und jeder Block hat spezifische Eigenschaften, die individuell angepasst werden können. Blöcke können beispielsweise ein Text, eine Tabelle, ein Video, ein Tweet oder eine Liste von Beiträgen sein.

Denkbar wären [auch] beispielsweise ein Block für Google Maps, eine Slideshow, ein Formular oder eine WooCommerce-Produktliste

- https://krautpress.de/2017/gutenberg-mehr-als-editor/

Es gibt also verschiedene Arten von Block-Editor-Styles bzw. von Blöcken.

Gutenberg-Editor

In WordPress 5.0, the classic content editor was replaced with a brand new block editor, known as Gutenberg.

Von Mai 2019 bis Juni 2019 stieg die Anzahl der Themes, die man unter dem Stichwort „Gutenberg" findet, von 261 Themes auf 275 Themes.

Weitere Informationen zum Thema „Block-Editor" finden Sie hier:

- https://developer.wordpress.org/block-editor/developers/themes/theme-support/

Der Block-Editor wird übrigens auch im Standard-Theme „Twenty Nineteen" erwähnt, aber ohne das Stichwort „Gutenberg", obwohl dieses Theme für Gutenberg kreiert worden ist.

Das Gutenberg-Plugin mit den im Augenblick meisten Installationen ist wohl das Plugin „Gutenberg Blocks – Ultimate Addons for Gutenberg". Dieses Plugin hat zurzeit über 80.000 Installationen.

Themes mit Layout "Breite Blöcke" und mit der Funktion „Block-Editor-Stile"

Im Juni 2019 gab es 22 Themes mit der Funktion „Block-Editor-Stile". Die überwiegende Mehrheit, nämlich 17 Themes, hatten auch das Layout „Breite Blöcke". Sowohl die Themes mit der Funktion „Block-Editor-Stile" und dem Layout „Breite Blöcke" berufen sich in ihren Theme-Beschreibungen teilweise auf den Gutenberg-Editor.

Hält man die Zuordnungen für werthaltig, gibt es also Themes mit der Funktion „Block-Editor-Stile", aber ohne das Layout "Breite Blöcke". Und umgekehrt. Diese Konstellationen habe ich angesichts der wenigen Themes nicht untersucht.

Theme	Installationen	Spalten	Kurzbeschreibung
Neve	über 30.000	(1, 2)	Block-Editor-Stile, Mehrzweck-Theme
Page Builder Framework	über 10.000	(1, 2)	Block Editor (Gutenberg) kompatibel, einziges Theme speziell für Page Builder
Online Shop	über 9.000	(1,2,3)	multipurpose e-commerce theme, Block-Editor-Stile
Catch Vogue	über 2.000	(1, 2)	multipurpose fashion

			WordPress theme for fashion blogs
Euphony	über 1.000	(1, 2)	crafted beautifully for musicians and bands
Glaze Blog Lite	über 1.000	?	WordPress blog theme
Bayleaf	über 900	?	designed for cooking or food blog, compatible with Gutenberg.
Blocksy	über 900	(1,2,3,4)	as built with the Gutenberg editor in mind and has a lot of options
tsumugi	über 900	[1]	simple blog theme based on _s and Bootstrap
Memory	über 700	(1, 2)	Clean and beautiful personal blog theme.
Nishiki	über 700	(1, 2)	About 80 customization can be done without writing the code
Clean Blocks	über 600	(1, 2)	multipurpose Gutenberg WordPress theme
Conj Lite	über 500	(2,3,4)	compatible with the new Gutenberg block, for WooCommerce webshop
Mardi Gras	über 100	?	colorful blog and event theme, supports the new block editor with wide and full width blocks
Stix	über 100	(1, 2)	starter theme, meant for developers, Block Editor and Classic Editor
Bold Photography	über 100	(1, 2)	dark multipurpose photography WordPress theme
Gridd	über 80	?	the Gridd theme features a unique layout builder

Tabelle 65 Themes mit Funktion „Block-Editor-Stile" und Layout "Breite Blöcke"

Für einige dieser Themes werden folgende Hilfen angeboten.

Theme	Demo	Support	Doku
Online Shop	x	x	
Catch Vogue	x	x	x
Euphony	x	x	x
Glaze Blog Lite			x
Clean Blocks	x	x	x
Bold Photography	x		

Tabelle 66 Hilfen Themes „Block-Editor-Stile" und "Breite Blöcke"

Hinweise für Entwickler

22 Themes mit der Funktion „Block-Editor-Stile", 41 Themes mit Layout „Breite Blöcke", 175 Themes mit dem Stichwort „Gutenberg" sind wirklich nicht viel. Eine einmalige Chance für Entwickler hier Mitglied der Gruppe der Spitzenreiter (Frontrunner) zu werden.

Zumal es im Internet keinen Mangel an Beschreibungen gibt, wie man ein Theme Gutenberg-kompatibel gestaltet.

Themes mit Parallax Technologie

Was ist Parallax Technologie? Einer der Parallax-Effekte ist das Parallax-Scrolling.

Was sind Parallax Effekte?

Hier eine umfassende Definition aus dem Internet:

- https://kulturbanause.de/faq/parallax-effekt/

Der Parallax-Effekt ist ein interaktiver Effekt im Webdesign. Verschiedene gestalterische Objekte werden dabei auf unterschiedlichen Ebenen voreinander positioniert. Anschließend werden die Objekte in unterschiedlicher Geschwindigkeit zueinander bewegt, wodurch Räumlichkeit oder Bewegung simuliert wird. Je nach Konzept der Website kann die Verschiebung der Ebenen an unterschiedliche Aktionen gekoppelt werden. Die häufigsten Einsatzmöglichkeiten sind:

- *Scrollen der Seite (vertikal und/oder horizontal)*
- *Veränderung des Browserfensters*
- *Bewegung des Cursors*
- *Selbstständige Animation*

Was ist Parallax-Scrolling?

Hier eine gut verständliche Definition aus dem Internet:

- https://de.onpage.org/wiki/Parallax_Scrolling

Websites mit Parallax Scrolling lassen sich mittels der Scroll-Funktion am Mausrad steuern. Scrollt der Nutzer herunter, bewegen sich die Elemente der Website unterschiedlich schnell. Ein Hintergrundbild bewegt sich langsam, während Bilder oder Grafikelemente sich im Vordergrund schneller bewegen.

Themes mit Parallax-Effekten

Im Juni 2019 waren 138 Themes unter dem Stichwort „Parallax" zu finden. Hier die Spitzenreiter.

Theme	Installationen	Spalten	Kurzbeschreibung
Zerif Lite	über 100.000	(1, 2)	parallax business portfolio
Oblique	über 20.000	?	mit Parallaxen Header-Bild, für Mode-Trends oder Blogger
AccessPress Parallax	über 10.000	(1, 2)	with Parallax design, for creative agency, corporates and online store
Amadeus	über 10.000	?	mit Parallaxen Header-Bild, Blog-Theme
Agama	über 10.000	(1, 2)	mit dem Parallaxeffekt ausgestattet, Mehrzweck-Theme
Athena	über 10.000	(1,2,3)	Parallax WordPress theme, Woocommerce ready, multi-purpose
Oria	über 10.000	?	Parallaxen Header-Bild, Inhalte präsentieren
Relia	über 4.000	(1,2,3)	Parallax modern WordPress theme, Woocommerce ready, multi-purpose
Innofit	über 3.000	(1, 2)	ist ein One-Page-Parallax-Theme, für Unternehmens-Website, Portfolio

Tabelle 67 Themes mit Parallax-Effekten

Für einige dieser Themes werden folgende Hilfen angeboten.

Theme	Demo	Support
AccessPress Parallax	x	x
Oria	x	
Innofit	x	

Tabelle 68 Hilfen für Parallax-Themes

Funktionen von Themes

Nachdem Sie sich für ein Layout und ein Thema/eine Branche entschieden haben, geht es nun darum den Suchansatz zu verfeinern, indem Sie sich darüber Gedanken machen, welche Funktionen das Theme haben soll.

Wie Sie an der folgenden Tabelle erkennen können, stehen für viele Funktionen viele Themes zur Auswahl.

Funktion	Juni 2019 Anzahl der Themes
Für Barrierefreiheit geeignet	104
BuddyPress	69
Hintergrund anpassen	3.265
Benutzerdefinierte Farben	2.102
Header anpassen	2.512
Individuelles Logo	2.348
Individuelles Menü	3.826
Stylesheet für WYSIWYG-Editor	1.630
Individuelle Header-Bilder	654
Beitragsbilder	3.684
Flexible Header	1.177
Footer-Widgets	2.155
Beitrag direkt auf der Startseite verfassen	100
Seitentemplate für volle Seitenbreite	2.333
Mikroformate	343
Beitragsformate	1.246
Unterstützung für semitische Sprachen (Leserichtung Rechts-nach-Links)	1.160
Beitrag oben halten	2.249
Theme-Einstellungen	3.094
Verschachtelte Kommentare	3.460

Tabelle 69 Anzahl Themes pro Funktion

Darüber hinaus kann man natürlich noch nach anderen Funktionen suchen. Hier 2 Beispiele:

Im Juni 2019 wurden bei der Suche nach „breadcrumb", 90 Themes angeboten (Suche nach „breadcrumbs" nur 18 Treffer).

Die Suche nach „short codes" ergab 63 Treffer im Juni 2019.

Da wahrscheinlich niemand ein Theme wechseln will (siehe auch Kapitel „Wechsel des Themes - Sicherheitsvorkehrungen und Tests"), weil noch nachträglich eine weitere Funktion benötigt wird, sollten Sie bei der Auswahl der Funktionen etwas großzügiger sein. Damit Sie ein paar Funktionen in Reserve haben. Themes mit ganz wenigen Funktionen gibt es ohnehin kaum. Daher ergibt es keinen Sinn, die Spitzenreiter für z. B. Beitragsbilder oder eine andere, spezielle Funktion zu ermitteln.

Auch bei der Auswahl der Funktionen geht es immer noch darum, möglichst viele Besucher auf Ihre Webpage/Ihren Blog zu locken. Daher bleibt Übersichtlichkeit ein zwingendes Gebot. Das ist also bei den Einstellungen der Funktionen zu beachten.

Was die Auswahl von Farben angeht, kann ich auf folgenden Beitrag verweisen.

- http://www.itdoor.lu/buecher/farbpsychologie-fuer-webpages-und-cover-farbenvergleich/

Die Funktion „Übersetzbar" wurde bereits im Kapitel „Brauchen Sie ein übersetzbares Theme?" besprochen.

Bezüglich der Funktion „Block-Editor-Stile" siehe dieses Kapitel:

Gutenberg-Editor, Layout "Breite Blöcke", Funktion „Block-Editor-Stile"

Wer sich jetzt bei der Auswahl der Funktionen nicht festlegen will, dem hilft es vielleicht, wenn er erstmal diese beiden Kapitel liest.

- Multi-Purpose Themes
- Themes mit vielen Funktionen und Einstellungsmöglichkeiten

In diesen beiden Kapiteln werden – wie üblich – die Spitzenreiter ermittelt. Denn hier kann man eine fundamentale Entscheidung treffen, die nicht auf untersten Ebene einer einzelnen Funktion stattfindet.

Multi-Purpose Themes

Bei https://de.wordpress.org/themes/ gibt es keine Kategorie „Multi-Purpose Themes".

Aber man kann als Suchbegriff „multipurpose" eingeben. Im Juni 2019 erhielt man dann über 570 Treffer. Im August 2017 gab es bei dieser Suche nur über 200 Treffer.

Verwendet man als Suchbegriff „multi purpose" wurden einem im Juni 2019 über 890 Themes angeboten (Stichwort „multi purpose Themes" - 297 Treffer).

Das zeigt schon das Grundproblem auf. Was ist schon „multi-purpose", was ist noch nicht „multi-purpose"? Es ist verständlich, wenn der Theme-Entwickler aufzählt, was sein Theme alles kann und wofür es daher überall einsetzbar sind. Manche sind da etwas konservativer und schreiben sinngemäß: „Das Theme kann dieses und jenes". Andere verwenden vielleicht zu schnell den plakativen Begriff „multi-purpose".

Ich als Autor kann dieses Problem nicht aufdröseln. Denn ich kann mir nicht anmaßen zu entscheiden, ob ein Theme schon „multi-purpose" oder noch nicht „multi-purpose" ist.

Derjenige, der behauptet, dass sein Theme „multi-purpose" ist, der muss auch liefern.

Wofür braucht man Multi-Purpose Themes?

Tragen Sie ständig multi-purpose Kleidung? Als eine Kleidung, die für jedes Wetter und für jede Temperatur und auch für sportliche Zwecke geeignet ist.

Vielleicht Wanderkleidung? Wenn es dann aber zu warm wird, legen Sie ein Kleidungstück ab und tragen es (ungenutzt) mit sich herum.

Wenn Geld keine Rolle spielen würde, würden Sie dann ein Auto kaufen, das Sie auch als Boot benutzen können?

Der Weltmeister im Zehnkampf ist wie gesagt Weltmeister. Dennoch ist er nicht allen 10 Disziplinen Weltrekordhalter. Wahrscheinlich ist er in keiner einzigen Disziplin Weltrekordhalter.

Auch sonst geht der Trend im Leben eher zur Spezialisierung. Mittlerweile gibt es in Deutschland 24 vierundzwanzig Fachanwaltsbezeichnungen, Habe ich ein Mietrechtsproblem gehe ich zum Fachanwalt für Mietrecht und nicht zu einem Anwalt, der mit seiner Tätigkeit alle Fachgebiete abdeckt.

Denkbar ist natürlich, dass ein großes Unternehmen oder eine große Organisation, die WordPress für verschiedene Zwecken einsetzen will, etwas Passendes hier findet.

Beispiel:

Man hat ein eigenes (Unternehmens)Magazin, einen Shop, bei dem die Kunden Waren oder Dienstleistungen bestellen können und einen Blog, über den man ein Kundenfeedback erhält.

Oder es sind Fälle denkbar, bei denen ein professioneller Dienstleister sich von Anfang für ein Multi Purpose Theme entscheidet, weil er einen Kunden hat, bei dem davon auszugehen ist, dass dieser seine Vorstellungen und

Bedürfnisse an seinen Internetauftritt ständig erweitert. Mit einem Multi-Purpose Theme kann der Dienstleister flexibel darauf reagieren, ohne das Theme wechseln zu müssen. Vorausgesetzt, das von ihm ausgewählte Theme ist wirklich „multi-purpose".

Installationszahlen von Multi-Purpose Themes

Dennoch weisen einige Themes, die den Begriff „Multi-Purpose" explizit verwenden, beachtliche Installationszahlen auf wie kaum eine andere Kategorie von Themes.

Theme	Installationen	Spalten	Kurzbeschreibung
OceanWP	über 400.000	[2]	Suchen Sie nach einem Multi-Purpose-Theme? Suchen Sie nicht weiter!
Shapely	über 100.000	?	your best multipurpose partner for any project and website
Vantage	über 80.000	[2]	flexible multipurpose theme
Spacious	über 70.000	(1, 2)	Mehrzweck-Theme
Mesmerize	über 50.000	(1, 2)	unglaublich flexibles, Mehrzwecktheme
Neve	über 30.000	(1, 2)	einfach anpassbares Mehrzweck-Theme.
Customify	über 30.000	(1,2,3)	super flexible multipurpose theme
Consulting	über 30.000	(1,2,3)	multi-purpose professional theme
Frontier	über 30.000	(1,2,3)	a multi-purpose theme, easy to customize through its wide array of options
Illdy	über 20.000	?	stunning multipurpose WordPress theme

| Enigma | über 20.000 | (2,3,4) | superfine multipurpose responsive theme |

Tabelle 70 Multi-Purpose Themes

Überraschenderweise bieten nur relativ wenige dieser Themes Hilfen an.

Theme	Demo	Support
OceanWP	x	
Spacious	x	x
Mesmerize	x	
Customify	x	

Tabelle 71 Hilfen für Multi-Purpose Themes

So haben sich die Installationszahlen von einigen dieser Themes seit August 2017 entwickelt.

Theme	Juni 2019	August 2017
Enigma	über 20.000	über 30.000
Spacious	über 70.000	über 70.000
Vantage	über 80.000	über 100.000
Shapely	über 100.000	über 20.000
OceanWP	über 400.000	über 5.000

Tabelle 72 Entwicklung Multi-Purpose Themes

Bemerkenswert sind die Zuwächse bei den Themes **Shapely** und **OceanWP**.

Themes mit vielen Funktionen und Einstellungsmöglichkeiten

Nicht nur „Multi-Purpose Themes" können viele Funktionen und Einstellungsmöglichkeiten haben. Es gibt Themes, die werben ausdrücklich damit. Manche Themes heben das so stark hervor, dass sie in Ihrer Theme-

Beschreibung vergessen zu erwähnen, für welche Arten von Webpage sie eigentlich geeignet sind.

Schaut man sich die Installationszahlen der Spitzenreiter an, scheint die Vielzahl der Einstellungsmöglichkeiten nicht abschreckend zu sein. Dabei muss bei jeder möglichen Einstellung entschieden werden, ob man die Funktion braucht und welche Option ggf. auszuwählen ist. Das setzt natürlich voraus, dass man vorab versteht, welchen Sinn und Zweck die jeweilige Funktion bzw. die jeweilige Einstellung hat.

Themes mit vielen Funktionen und Einstellungsmöglichkeiten verschließen sich einer systematischen Suche. Daher kann hier erst recht keine Garantie für Vollständigkeit abgegeben werden.

Theme	Installationen	Spalten	Kurzbeschreibung
GeneratePress	über 100.000	(1,2,3)	leichtgewichtiges WordPress-Theme,
Spacious	über 70.000	(1, 2)	umfassendes Mehrzweck-Theme
Responsive	über 50.000	(1, 2)	Theme is a flexible foundation with fluid grid system
evolve	über 20.000	[2]	für Blog, E-Shop, Magazin oder eine beliebige Geschäftsseite
Mantra	über 20.000	(1,2,3)	is a do-it-yourself WordPress theme
Nirvana	über 20.000	(1,2,3)	Imagine a land of infinite beauty and overwhelming magnificence
Tempera	über 20.000	(1,2,3)	we followed a very strict recipe to get Tempera just right
Fluida	über 10.000	(1,2,3)	crystal clear and squeaky clean theme
Parabola	über 10.000	(1,2,3)	clean and elegant design
Make	über 10.000	(1,2,3,4)	Build a website that means

			business
Attitude	über 10.000	(1, 2)	Simple, Clean and Retina Ready Theme
Athena	über 10.000	(1,2,3)	Woocommerce ready, multi-purpose theme

Tabelle 73 Themes mit vielen Einstellungsmöglichkeiten

Die Meisten dieser Themes bieten eine Hilfe an. Überraschend ist, dass trotz der vielen Einstellungsmöglichkeiten so wenige Themes in ihrer Theme-Beschreibung auf eine Dokumentation verweisen.

Theme	Demo	Support	Doku
Spacious	x	x	
Responsive	x	x	
evolve	x		
Nirvana	x		
Tempera	x		
Fluida	x		
Parabola	x		
Make			x
Attitude	x	x	

Tabelle 74 Hilfen Themes mit vielen Einstellungen

Die vielen Gestaltungs- und Einstellungsmöglichkeiten pro Theme

Obwohl die Einstellungsmöglichkeiten nur in Stichworten wiedergegeben werden, lassen sich diese Stichworte nicht in einer Tabelle abbilden, die vernünftig in die Seitenbreite dieses Buches passen würde.

Um neutral zu bleiben, sind die Themes alphabetisch sortiert.

Athena, über 10.000 Installationen

left and right sidebars, 6 widget areas, Spalten (1,2,3)

Attitude, über 10.000 Installationen

two site layout (Narrow and Wide), 5 layouts for every post/page, 5 Page Templates, 5 widget areas, 4 custom widgets, featured slider, Spalten (1,2)

evolve, über 20.000 Installationen

2 Header-Layouts, 13 Widget-Bereiche, 3 einzigartige Slider, bis zu 12 Social Media Links, bis zu 3 Blog-Layouts mit vielen Optionen, Spalten (2)

Fluida, über 10.000 Installationen

provides over 100 customizer theme settings, 3 menus, 6 widget areas, 8 page templates, Spalten (1,2,3)

GeneratePress, über 100.0000 Installationen

die Integration von Mikrodaten, 9 Widget-Bereiche, 5 Navigationspositionen, 5 Seitenleisten-Layouts, Spalten (1,2,3)

Make, über 10.000 Installationen

Hundreds of Customizer options, Spalten (1,2,3,4)

Mantra, über 20.000 Installationen

a pack of over 100 customization options, magazine and blog layouts, 8 widget areas, Spalten (1,2,3)

Nirvana, über 20.000 Installationen

over 200 settings, 8 page templates (magazine and blog layouts included), 12 widget areas, Spalten (1,2,3)

Parabola, über 10.000 Installationen

magazine and blog layouts, 8 widget areas, Spalten (1,2,3)

Responsive, über 50.000 Installationen

Theme features 9 Page Templates, 11 Widget Areas, 6 Template Layouts, 4 Menu Positions, Spalten (1,2),

Spacious, über 70.000 Installationen

verfügt über 4 Seiten-Layouts, 2 Seiten-Templates, 4 verschiedene Blog-Ansichten, 13 Widget-Bereiche, 5 benutzerdefinierbare Widgets, Spalten (1,2)

Tempera, über 20.000 Installationen

very solid framework of over 200 settings, 12 widget areas, unlimited columns into a customizable Presentation Page, Spalten (1,2,3)

Themes mit Drag und Drop

Insbesondere bei Themes mit vielen Funktionen und Einstellungsmöglichkeiten freut man sich, wenn in der Theme-Beschreibung erwähnt wird, dass man die Einstellungen per „Drag und Drop" vornehmen kann. Das hört sich nach Vereinfachung an.

Dementsprechend wird in den Theme-Beschreibungen für „Drag und Drop" geworben. Hier einige Beispiele:

- *das dir helfen kann eine wunderbare Webseite so einfach wie noch nie zu kreieren, durch Drag und Drop*
- *kannst du ganz bequem per Drag & Drop deine Website auf einfache Weise in kürzester Zeit gestalten*
- *create a one page website in minutes by drag and drop*
- *integrates seamlessly with the following popular free plugin: SiteOrigin's Page Builder*
- *entwickelt für die Nutzung von Drag & Drop mittels der Page Builder KingComposer und Elementor*

- *Es funktioniert perfekt mit allen bekannten Drag-and-drop-Page-Buildern wie Elementor, Beaver Builder, Visual Composer, SiteOrigin, Divi. Du musst nur schreiben und wirst großartig sein!*
- *Works perfectly with all major drag and drop page builders like Elementor, Beaver Builder, Visual Composer, SiteOrigin, Divi*

Sie haben es wahrscheinlich bemerkt. Themes mit Drag und Drop bedeutet nicht zwangsläufig, dass die „Drag und Drop"-Funktion direkt im Theme enthalten sein muss.

Ist die „Drag und Drop"-Funktion in einem Plugin enthalten, kann das einen Theme-Wechsel erleichtern. Denn hat das neue Theme keine „Drag und Drop"-Funktion, ist „Drag und Drop" nicht mehr möglich. Zudem können Einstellungen verloren gehen.

Im Übrigen befreit Sie die „Drag und Drop" nicht davon, sich - wie sonst auch - darüber Gedanken zu machen, ob man eine spezielle Funktion überhaupt braucht und welche Option ggf. auszuwählen ist

Auch bei „Drag und Drop" muss man verstehen, welchen Sinn und Zweck die jeweilige Funktion bzw. die jeweilige Einstellung hat.

Auch Themes, die sich nicht mit „Drag und Drop" schmücken, nehmen für sich in Anspruch leicht bedienbar zu sein.

Im Juni 2019 gab es 1037 Treffer bei der Suche nach dem Stichwort „easy".

Bei https://de.wordpress.org/themes/ scheint es keinen Mangel an Themes zu geben, die einfach zu handhaben sind.

Theme	Installationen	Spalten	Kurzbeschreibung
Mesmerize	über 50.000	(1, 2)	unglaublich flexibles, Mehrzwecktheme von WordPress
Ashe	über 40.000	(1,2, 3)	WordPress Blog Theme, Works

			perfectly with all major drag and drop page builders
One Page Express	über 30.000	[1]	is a beautiful WordPress Theme
Bard	über 10.000	(1,2, 3)	persönliches WordPress-Blog-Theme, auch für mehrere Autoren
Bulk	über 10.000	(1, 2)	multifunktionales WordPress Theme, für Elementor Drag & Drop Page Builder entwickelt
Materialis	über 10.000	(1, 2)	incredibly flexible, multipurpose WordPress theme
Panoramic	über 10.000	(1, 2)	flexible theme options, from simple blog to online eCommerce store

Tabelle 75 Themes mit Drag und Drop

Bis auf die Themes Materialis und Panoramic verweisen alle Themes auf eine Demo.

Themes mit über 100.000 aktiven Installationen

Für diejenigen, für die die Anzahl von aktiven Installationen von großer Bedeutung sind, hier eine Liste von Themes mit über 100.000 aktiven Installationen.

Theme	Installationen	Spalten	Kurzbeschreibung
Twenty Nineteen	über 1 Million	[1]	Standard-Theme, wurde entwickelt, um die Leistungsfähigkeit des Block-Editors zu demonstrieren
Twenty	über 1 Million	(1, 2)	Standard-Theme, Fokus auf

Seventeen			Business-Websites
Twenty Sixteen	über 500.000	(1, 2)	Standard-Theme, horizontalen Kopfzeile, optionale rechte Seitenleiste
OceanWP	über 400.000	[2]	Multi-Purpose-Theme
Astra	über 300.000	(1, 2)	WooCommerce-fähiges Theme
Twenty Fifteen	über 300.000	[2]	stellt das Bloggen in den Mittelpunkt
Storefront	über 200.000	[2]	das perfekte Theme für dein nächstes WooCommerce-Projekt.
Twenty Fourteen	über 200.000	(2, 3)	Standard-Theme, adaptive Magazin-Website erstellen
Twenty Eleven	über 200.000	(1, 2)	Standard-Theme, benutzerdefinierte Menüs, die Header-Grafiken
Twenty Twelve	über 200.000	(1, 2)	Standard-Theme, Startseiten-Vorlage mit eigenen Widgets
ColorMag	über 100.000	(1, 2)	WordPress-Theme im Magazin-Style
Hestia	über 100.000	(1, 2)	für dies und jenes geeignet
GeneratePress	über 100.000	(1,2,3)	WordPress-Theme, das auf Geschwindigkeit und Benutzerfreundlichkeit ausgerichtet ist
Shapely	über 100.000	?	für dies und jenes geeignet
Twenty Ten	über 100.000	[2]	Standard-Theme, hat sechs Widgetbereiche (zwei in der Sidebar, vier im Footer)
Twenty Thirteen	über 100.000	(1, 2)	Standard-Theme, bringt uns zurück zum Blog

| Zerif Lite | über 100.000 | (1, 2) | für dies und jenes geeignet |

Tabelle 76 Themes mit über 100.000 aktiven Installationen

Wechsel des Themes - Sicherheitsvorkehrungen und Tests

Bevor man ein Theme wechselt, sucht man sich natürlich zuerst ein anderes Theme aus. Denn man muss ja wissen, zu welchem Theme man wechselt.

Bei allen Themes, die ich testweise installiert hatte, betrug die Installationszeit rund 30 Sekunden. Zusammen mit der anschließenden Aktivierung betrug der Zeitaufwand weniger als 1 Minute. Ich habe natürlich nicht Tausende von Themes installiert. Aber auf Grund dieser (begrenzten) Erfahrungen hat sich bei mir die Erwartungshaltung aufgebaut, dass bei einem Wechsel zu einem neuen Theme der Zeitaufwand für Installation und Aktivierung vernachlässigbar gering sein sollte, solange keine Einstellungen und Inhalte verloren gehen. Das an all diejenigen, die noch nie ein Theme gewechselt haben.

Mit Installation und Aktivierung ist die Schlacht aber noch nicht gewonnen. Arbeitet eines der von Ihnen bisher benutzten Plugins mit dem neuen Theme nicht zusammen und ist dieses Plugin für Sie unverzichtbar, dann können Sie mit dem Theme-Wechsel von Neuem beginnen. Daher wäre es gut, wenn Sie ein zweites oder gar drittes Theme in Reserve hätten. Sie müssten dann mit der Auswahl nicht von vorne beginnen. Daher auch die vielen Tabellen in diesem Buch, die Ihnen Alternativen anbieten wollen.

Wie bereits erwähnt beschränkt sich der Zeitaufwand bei einem Theme-Wechsel nicht auf Installation und Aktivierung des neuen Themes. Das neue Theme sollte auch getestet werden. Wieviel Zeit Sie dafür investieren, hängt von Ihnen ab. Welcher zusätzliche Zeitaufwand für die Lösung von Problemen entsteht, die mit dem Theme-Wechsel verbunden sind, hängt in der Regel von dem neuen Theme ab.

Grundsätzlich ist ein Theme-Wechsel unproblematisch. Dies ist auch die Grundphilosophie von WordPress. Ein Theme-Wechsel SOLL unproblematisch sein.

Aber natürlich kann man an dieser Stelle nicht so machen, als ob die Sonne jeden Tag scheint. Wenn sie einen Scanner oder einen Kopierer kaufen, stehen in einem guten Handbuch auch Hinweise auf mögliche Störungen. Das kann nicht nur nützlich sein, sondern gibt einem auch das Gefühl der Beherrschbarkeit des Ganzen.

Im Übrigen können Sie schon bei der Auswahl des Themes, also vor der Installation des Themes, ein bisschen mithelfen, dass der Theme-Wechsel möglichst unproblematisch verläuft.

Vorkehrungen vor dem Theme-Wechsel

Informationen vor dem Theme-Wechsel einholen

Das kann mit der einfachen Frage an den Entwickler des neuen Themes beginnen, ob Sie von Ihrem alten Theme problemlos zu seinem Theme wechseln können. Sie werden da nicht in jedem Fall eine zufriedenstellende Antwort erhalten. Schließlich kann sich der Entwickler darauf berufen, dass er Ihr altes Theme nicht kennt. Insbesondere dann, wenn Ihr altes Theme nur selten installiert worden ist und daher weitestgehend unbekannt ist. Auf jeden Fall sollte man versuchen – vielleicht auch an anderer Stelle – eine Antwort auf diese Frage zu erhalten.

Dabei wäre auch in Erfahrung zu bringen, ob das neue Theme mit denn bisher von Ihnen verwendeten Plugins kompatibel ist.

Bei einigen sehr branchenbezogenen Themes klingt die Beschreibung so, dass die Branchenbezogenheit nur mit Hilfe sehr spezieller Plugins erreicht werden kann. Da frage ich mich erst recht, ob nach dem Wechsel dieses Themes die bisher benutzten Funktionen noch verfügbar sind.

Andere Theme-Beschreibungen weisen ausdrücklich darauf hin, welche Plugins an dieses Theme angekoppelt werden können. Das glaube ich erstmal. Aber das heißt nicht, das Themes bei denen diese Hinweise fehlen, zu den gängigen Plugins nicht kompatibel sind. Vielleicht hilft hier ein Blick in die Dokumentation des neuen Themes, falls eine vorhanden ist.

Grundsätzlich erwarte ich von einem Theme, dass es mit den üblichen Plugins zusammenarbeiten kann. Schließlich ist es – wie bereits erwähnt – die Grundphilosophie von WordPress, dass ein Theme-Wechsel unproblematisch sein SOLL. Das ist auch ein Grund, warum ich auf die Anzahl der aktiven Installationen achte. Je größer die Anzahl der aktiven Installationen ist, umso größer ist die Chance, dass der Theme-Wechsel unproblematisch ist. Störenfriede sind nicht in großer Anzahl aktiv installiert, da niemand Zeit in Troubleshooting investieren möchte. Insbesondere dann nicht, wenn es problemfreie Alternativen gibt.

Ferner können noch weitere Informationen in Erfahrung gebracht werden.

Hat das neue Theme

- die gleiche Anzahl vom Spalten?
- die gleichen Beitragsformate (Post Formats)?
- ebenfalls ein Portfolio?
- ebenfalls einen Slider?
- ebenfalls eine integrierte „Drag und Drop"-Funktion?
- ebenfalls einen integrierten Page Builder?
- die gleiche Verwendung von Shortcodes?
- die gleiche Anzahl, der bisher von Ihnen benutzten Widgets?

Wenn die Anzahl der benutzten Widgets im alten Theme größer ist, als die potentielle Anzahl der Widgets im neuen Theme, können auch hier Probleme auftreten. Oder ein Footer-Widget steht im neuen Theme erst gar nicht zur Verfügung.

Es gibt z. B. ein Theme, das wirbt mit 11 Widget-Areas. Wer so viel Widget-Areas benötigt, wird bei einem Theme-Wechsel in der Regel bescheidener werden müssen. Oder löst das Problem mit einem Plugin, in das sich in der Regel die Widget-Areas nicht importieren lassen.

Notieren Sie sich vor dem Wechsel des Themes die Anzahl der Beiträge, Seiten, Bilder, Widgets, Links, Menüpunkte etc.

Sicherheitsvorkehrungen vor dem Theme-Wechsel

Vor dem Wechsel des Themes erstellt man natürlich ein Backup, z. B. mit dem Plugin „Duplicator".

Alle Plugins deaktivieren.

Ferner sollte das neue Theme erstmal auf dem „Localhost" – also auf Ihrem PC - installiert und aktiviert werden. Sie benutzen Ihren PC als Testsystem. Konnte der Theme-Wechsel problemlos durchgeführt werden oder erst nach einigen Anpassungen, können Sie dann z. B. mit dem Plugin „Duplicator" Ihre Webpage mit dem neuen Theme in den Webspace transportieren.

Siehe auch den Beitrag

- http://www.itdoor.lu/wordpress-mix/wordpress-von-localhost-auf-webserver/

Ein paar mögliche Risiken

Es kann auch vorkommen, dass Bilder eine neue Skalierung brauchen. Oder Sie werden vom neuen Theme gezwungen Ihr bisheriges Headerbild zuschneiden zu müssen.

Auch völlig unproblematische Theme-Wechsel können einen zusätzlichen Zeitaufwand nach sich ziehen, wenn das neue Theme neue Funktionen hat. Schließlich muss hier entschieden werden, ob und in welcher Weise von den neuen Funktionen Gebrauch gemacht wird.

Hat das neue Theme weniger Funktionen als das alte Theme und ist dieser Funktionsverlust für Sie nicht akzeptabel, dann muss nach Plugins gesucht werden, die diese entstandene Funktionslücke ausfüllen. Vielleicht sind das Fälle, bei denen man vom Design des neuen Themes so begeistert ist, dass man diesen Zusatzaufwand in Kauf nimmt.

Schließlich kann es Ihnen auch passieren, dass das neue Theme nicht das hält, was es verspricht.

Faustregel:

- Je mehr im alten Theme drinsteckt (siehe z. B. das Kapitel „Themes mit vielen Funktionen und Einstellungsmöglichkeiten") umso geringer ist die Chance, dass das neue Theme das Gleiche zu bieten hat. Sie kleben dann ggf. am alten Theme fest.

Die hier (unvollständig) erwähnten Risiken und möglichen Probleme sollen Sie nicht von einem Theme-Wechsel abhalten. Holen Sie vorab über das neue Theme Informationen ein und treffen Sie vorab entsprechende Sicherheitsvorkehrungen, haben Sie schon eine Menge getan, damit der Theme-Wechsel gelingt.

Tests nach dem Theme-Wechsel

- Sind alle Beiträge und Seiten übernommen worden?
- Sind die Informationen im Header und im Footer noch die gleichen?
- Sind alle Bilder übernommen worden?
- Sind noch alle internen und externen Links vorhanden?
- Sind die Farben gleichgeblieben?
- Funktionieren alle Plugins weiterhin?
- Sind vorhandene SEO-Einstellungen übernommen worden?
- Funktionieren die Social-Media Anbindungen noch?
- Sind die Werbeanzeigen korrekt übernommen worden?
- Ist das Menü vollständig?
- Funktioniert der Slider wie im alten Theme?

Das hört sich jetzt vielleicht nach wahnsinnig viel Arbeit an. Aber wenn die Anzahl der Beiträge, Seiten, Bilder, Widgets, Links, Menüpunkte etc. gleichgeblieben sind, haben Sie schon eine Menge gewonnen. Dass auf Grund eines Theme-Wechsel einzelne Sätze oder gar Wörter verschwunden sind, habe ich noch nie gehört, Aber auch das könnte man feststellen, wenn man das Plugin „Yoast SEO" benutzt, denn dieses zählt die Wörter in den Beiträgen und Seiten. Falls Sie dieses Plugin benutzen, könnten Sie also vor dem Theme-Wechsel die Anzahl der Wörter in den einzelnen Beiträgen und Seiten notieren, falls Sie möchten.

Stichproben könnte man beim Impressum und der Datenschutzerklärung machen. Texte im Header und im Footer könnte man auch als Stichprobe nehmen.

Z. B. mit dem Plugin „Broken Link Checker" könnte man die Links vor und nach dem Theme-Wechsel zählen.

Hat man einen Online-Shop, muss natürlich die ganze Funktionsweise durchgetestet werden. Sie möchten schließlich keine Käufer verlieren.

Dieses Kapitel berücksichtigt nicht den Fall, dass im alten Theme Eigenprogrammierung enthalten ist.

Schlusswort

Das Buch ist dann ein Erfolg für Sie gewesen, wenn Sie mit Hilfe dieses Buches bei der Suche nach einem passenden Theme mehr Zeit eingespart haben, als sie für den Kauf des Buches und das Lesen des Buches verbraucht haben.

Deswegen die Begrenzung des Buches auf bisher circa 146 Seiten und daher keine Doktorarbeit zu diesem Thema.

Literaturempfehlungen

E-Book Distributoren, E-Book Shops, E-Book Themen: Eine Entscheidungshilfe mit 90 Abbildungen und mit über 500 weiterführenden Links.

Jeder kann ein E-Book erstellen. Jeder kann ohne Programmierkenntnisse mit Jutoh ein E-Book erstellen. Mit über 550 Abbildungen und praktischen Beispielen.

Automatisiert Fehler im Text entdecken. Automatisiert Fehler im Text entdecken und korrigieren. Mit praktischen Beispielen und über 90 Abbildungen. Warum die Rechtschreib- und Grammatikprüfung von Word nicht ausreicht.

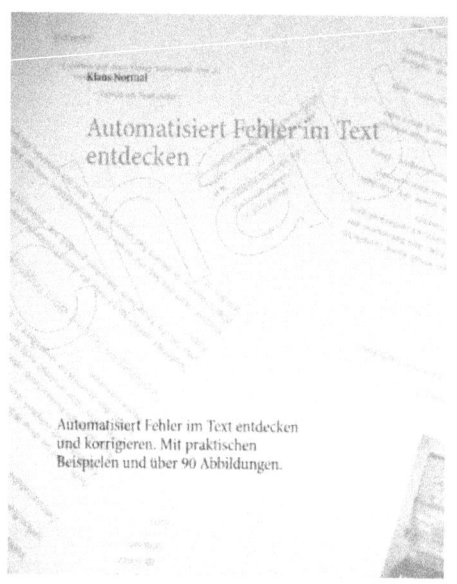

Beispiele für Texte:

Bachelorarbeit, Bewerbung, Bericht, Biographie, Broschüre, Buch, Diplomarbeit, Dokumentation, Drehbuch, Examensarbeit, Flyer, Gutachten, Habilitation, Hausarbeit, Homepage, Katalog, Magisterarbeit, Magazin, Manuskript, Masterarbeit, Newsletter, Präsentation, Promotion, Prospekt, Reisebericht, Roman, Schriftsätze, Werbetext, Liebesbrief?

Haftungsausschlüsse

Trotz aller Sorgfalt, ist vertippen, versehen, ungenaues Kopieren bei über 20.000 Klicks immer möglich. Daher kann auch keine Garantie abgegeben werden, dass dies nicht vorgekommen ist. Vieles in diesem Buch wurde also in mühevoller Handarbeit ermittelt. Bei Tausenden von Themes ist es fast schon unmöglich, kein Theme zu übersehen.

Alle Listen und Tabellen in diesem Buch erheben keinen Anspruch auf Vollständigkeit.

Für Richtigkeit, Vollständigkeit der Angaben zu Themes bei https://de.wordpress.org/themes/ oder anderen Quellen, wird keine Haftung übernommen.

Soweit das Buch Links zu Webseiten Dritter enthält, wird für deren Inhalt keine rechtliche Verantwortung übernommen. Diese liegt allein bei den Anbietern, bzw. den Betreibern der betreffenden Seiten. Hiermit distanziere ich mich ausdrücklich von eventuell rechtswidrigen Inhalten aller verlinkten Seiten und übernehme hierfür auch keinerlei Gewähr.

Für die fortlaufende Richtigkeit, Vollständigkeit, Aktualität, Qualität sowie die ständige Verfügbarkeit der Links zu den genannten Webseiten wird keinerlei Gewähr übernommen.

Für Schäden, die durch die richtige oder falsche Bedienung von WordPress-Themes oder Plugins oder anderen Programmen entstehen, wird keine Haftung übernommen. Hier kann es im Zeitablauf zu positiven oder negativen Änderungen kommen (z. B. Kompatibilität mit der neuesten WordPress Version). Das Buch geht ferner davon aus, dass die im Buch genannten Plugins so funktionieren, wie im Plugin-Verzeichnis beschrieben.

- https://de.wordpress.org/plugins/

Dass die hier in diesem Buch genannten Themes auch tatsächlich kostenlos sind, wird ebenfalls nicht garantiert.

Für die Qualität der Bilder bzw. Abbildungen und Tabellen im Buch wird auch keine Haftung übernommen. In der dem Buch zu Grunde liegenden PDF-Datei sahen die Bilder und Tabellen in Ordnung aus.

It-Door SARL übernimmt keine Gewähr für die Aktualität, Korrektheit, Vollständigkeit oder Qualität der bereitgestellten Informationen. Haftungsansprüche gegen It-Door SARL, welche sich auf Schäden materieller oder ideeller Art beziehen, die durch die Nutzung oder Nichtnutzung der dargebotenen Informationen bzw. durch die Nutzung fehlerhafter und unvollständiger Informationen verursacht wurden, sind grundsätzlich ausgeschlossen.

Impressum und Copyright

Bibliografische Information der Deutschen Nationalbibliothek:

Die Deutsche Nationalbibliothek verzeichnet diese Publikation in der Deutschen Nationalbibliografie; detaillierte bibliografische Daten sind im Internet über http://dnb.dnb.de abrufbar.

© 1. Auflage 2019 It-Door SARL, 14 rue Hiehl, L-5415 Canach

Herstellung und Verlag: BoD – Books on Demand, Norderstedt

ISBN: 978-3-7322-9459-6

Die Verwendung der Texte, Bilder und Tabellen, die Veröffentlichung / Vervielfältigung ist nur mit ausdrücklicher Genehmigung von It-Door SARL gestattet, da It-Door SARL die Verwertungsrechte hat.

Wir weisen darauf hin, dass die in diesem Buch genannten Produktbezeichnungen, Softwarebezeichnungen, Hardwarebezeichnungen, Firmennamen, Gebrauchsnamen, Handelsnamen, Firmenlogos etc. in der

Regel Warenzeichen-, Marken- oder patenrechtlichem Schutz unterliegen. Dies kann auch der Fall sein, wenn für diese keine besondere Kennzeichnung vorliegt.

Falls Urheberrechtsverletzungen von It-Door SARL vorliegen sollten, sind diese nicht gewollt, denn It-Door SARL ist stets darum bemüht, die Urheberrechte anderer zu beachten. Es gilt das luxemburgische Urheberrecht ggf. auch das Urheberrecht der EU.

Lightning Source UK Ltd.
Milton Keynes UK
UKHW030629140721
387148UK00005B/250